廣田尚久著

民事調停制度改革論

信 山 社

目次

プロローグ …… 1
第一章　裁判外紛争解決（ＡＤＲ）の意義と現状 …… 5
一　ＡＤＲとは何か …… 5
二　わが国におけるＡＤＲ機関 …… 10
三　仕事としてのＡＤＲ …… 16
四　紛争解決システム全般の位置と現状 …… 18
第二章　裁判外紛争解決（ＡＤＲ）の必要性 …… 24
一　社会環境の変化と紛争解決システムの役割 …… 24
二　規制緩和がもたらすＡＤＲへの期待 …… 30
三　司法に対する期待の膨らみと変化 …… 33
四　多様な紛争解決規範を使用する当事者の合意による解決 …… 39

五　訴訟とＡＤＲの仕様上の相違点……49
六　訴訟とＡＤＲの性格上の相違点……54
七　調停技法の発達……58
八　仲裁の制度設計……62
九　ＡＤＲを巡る内外の動向……67
一〇　ＡＤＲに対する批判とその対応策……69
第三章　裁判外紛争解決（ＡＤＲ）の基本的理念と歴史的意義……78
一　ＡＤＲの基本的理念……78
二　ＡＤＲの歴史的意義……83
第四章　わが国における紛争解決システムの問題点……90
一　司法制度改革におけるＡＤＲの位置づけ……90
二　紛争に対応する紛争解決システムの整備状況……96
三　ＡＤＲが利用されない理由……100
四　裁判所における調停制度の歴史……104

五　裁判所における調停の問題点……112
六　訴訟上の和解の問題点……123
モノローグ……128
第五章　試　案……137
一　試案の内容……137
二　試案を実施するうえでの前提問題と留意事項……141
第六章　理念型ADRの全体構造……144
一　理念型ADRの構想と名称……144
二　和解仲裁所の規模……148
三　和解仲裁所の内部組織……152
四　和解仲裁所の外部組織……165
五　和解仲裁所と裁判所との連携……171
六　和解仲裁所の財源……177
七　和解仲裁所のための法的整備……181

第七章　段階的改革案 …… 185
一　第一段階――研修と準備 …… 185
二　第二段階――ソフトの改革 …… 200
三　第三段階――ハードの改革 …… 203
四　第四段階――和解仲裁所の完成 …… 208
エピローグ …… 215
参考文献 …… 217

プロローグ

その本質の理解においても、その必要性の認識においても、わが国の法律実務家は、裁判外紛争解決（ＡＤＲ）について深めていないと思われる。法律実務家がそうであるから、一般の人々に馴染みがないのは当然のことであろう。

しかし、ＡＤＲの拡充は全世界的な潮流になっており、そのためもあってか学者・研究者の発言や研究は活発である。にもかかわず、わが国では、その成果を実務に反映させるエネルギーが脆弱で、浸透する速度も緩慢である。

もっともわが国でも、紛争解決システムとしてＡＤＲに着目する傾向が強まってきつつあり、各分野で、かなりの数のＡＤＲが創設され、運営されている。しかし全般的には、ＡＤＲの存在が法律実務家にも一般人にも知られておらず、利用される頻度も少ない。したがって、熱心にＡＤＲに取り組んでいる実務家や制度運営者が存在するにもかかわらず、未だ一部にとどまっている。この全般的傾向を率直に言えば、制度を設立したり、運営したりしている人々が厖大なエネルギーを注いでいるにもかかわらず、ＡＤＲは極めて弱体である。

しかし、社会が複雑になり、人々や企業の権利が多様化すると、それに伴なって、紛争も錯綜し、多様化する。その紛争を適切に解決しようとするのならば、訴訟システムだけでは対応ができない。したがって、ＡＤＲは、多様化、複雑化する紛争を適切に解決する社会的役割を担っているはずである。しかし、ＡＤＲに対して本来想定されるニーズや果たすべき社会的役割に比しても、わが国のＡＤＲは、極めて弱体であると言わなければならないであろう。

何故に、このような状態になっているのであろうか。

私は、大きな三つの障害があるからだと思う。

第一は、ＡＤＲの本質についての理解が乏しいということである。もっと突っ込んで言えば、ＡＤＲが持っている理念と歴史的意義についての考察が貧弱であることである。

このことについて率直に言わせていただければ、学者や研究者の研究はほとんどない。ＡＤＲに関する厖大な研究の大半は、ＡＤＲの制度、特徴に関するものである。もっとも、制度、特徴を語ることによって、間接的にＡＤＲが持っている理念や歴史的意義に触れるものはあるが、真正面からそれを取りあげたものは、私の勉強不足かも知れないが、見たことはない。

私に言わせれば、最初に取りあげるべき課題は「ＡＤＲは司法の範疇に入るか否か」というものでなければならないが、その課題に答えずに、ＡＤＲが司法の範疇に入るか否かを曖昧にしたまま議論が進められている。これでは、議論が深まらないばかりか、実務に結びつける展望が見えてこない。

第二は、法律実務家、とくに弁護士にＡＤＲに対する理解が乏しいことである。これは大多数の弁護士が訴訟によって事務所を維持していることが大きな理由であるが、このことはＡＤＲが利用されていない原因を究明する中で明らかにされなければならないことであろう。

第三の障害は、過激であるという謗りを甘受する覚悟で敢えて言うのであるが、裁判所における調停と訴訟上の和解の隆盛である。

これまでのＡＤＲ論議の多くは、裁判所における調停と訴訟上の和解について、裁判所におけるＡＤＲとして他のＡＤＲと並列的に扱って制度の説明をするか、ＡＤＲから除外するかのいずれかであって、裁判所における調停と訴訟上の和解が持っている問題を解明することを避けてきた。

司法制度改革審議会の中間報告では、ＡＤＲの役割が積極的に評価され、「裁判外の紛争解決手段（ＡＤＲ）の拡充・活性化」という項目の中で、ＡＤＲの必要性、特徴、現状、将来に向けての方策が示されているが、裁判所における調停と訴訟上の和解については触れられていない。しかし、ＡＤＲの拡充・活性化を現実のものにするためには、裁判所におけるＡＤＲを改革しなければ達成することができないことは、明らかである。

すなわち、裁判所における調停や訴訟上の和解をこのままにしておくのならば、ＡＤＲの拡充も活性化もはかれない。メスを入れるべき患部はここにあるのである。

以上の三点以外にも、わが国のＡＤＲの発展の障害になっているものはあるだろう。しかし、この三点をクリアすれば、その余の障害はあらかた吸収されて、同時に解決できるものと思われる。

本書において私は、ＡＤＲの意義と現状を簡潔に紹介し、その後に、ＡＤＲの必要性についてさまざまな角度から考察することによって、まずＡＤＲについての理解を深めることを試みることにした。そして次に、ＡＤＲの基本的理念を考察し、ＡＤＲが持っている歴史的意義を探求する。さらに、ＡＤＲがわが国で利用されない理由にも言及する。

ここまでくると、紛争解決の全体像の中で、ＡＤＲをどのように位置づけるかということが、私なりに見えてきた。その結論が、裁判所の機能を分割して、民事調停制度を抜本的に解決すべきだと言う民事調停制度改革論になるが、本書では、その改革論に基づいて、おおまかな基本設計を試みることにした。

本書で述べることは、私の実務上の経験を踏まえた仮説に基づいている部分が多い。しかし私は、敢えてこの段階で、私の考えを発表することにした。なぜならば、司法制度改革審議会の最終意見が取りまとめられる今夏を目前にして、私的自治を基本にしたもう一つの紛争解決システムが存在すること、そしてその紛争解決システムの改革が緊急の課題であることを明示しておく必要があると考えるからである。

第一章　裁判外紛争解決（ＡＤＲ）の意義と現状

一　ＡＤＲとは何か

ＡＤＲとは、民事紛争における裁判外紛争解決の総称である。すなわちＡＤＲは、Alternative Dispute Resolution（代替的紛争解決）の略で、何の代替かというと訴訟の代替ということである。

しかし、紛争が起こったとき、人々はどのような行動をとるのであろうか。いきなり裁判所に駆け込んで訴訟を起こす人は、多くはないであろう。人々は、みずから相手と折衝したり、代理人を立てて相対交渉をしたり、調停機関や仲裁機関に事件を持ち込んだりして、たいていの紛争は、訴訟を起こさずに解決してしまうのである。したがって、裁判外の紛争解決を「代替的」と呼ぶことは誤解を生じることであって、むしろ裁判外紛争解決こそ「本来的」と言うべきである。にもかかわらず、「ＡＤＲ」という言葉は、訴訟に代替するものとしての裁判外紛争解決を指す言葉として、世界中で使用されていると言ってよいであろう。

私は、このことが裁判外紛争解決の理論と実務の発展を停滞させている原因であると考え、機会あるごとに異議を唱えていたが、最近までは、ほとんど同調する意見は見当たらなかった。

この用語の問題は、一見些細なことのようではあるが、実は、個々の紛争当事者が解決に到達するまでの全過程の問題と、社会における紛争と解決の全体像をどのように捉えるかという問題に関わるので、黙ってここを通り過ぎるわけにはゆかない。したがってここで、ＡＤＲという用語が持っている問題点を整理しておきたい。私が問題にするのは、以下の四点である。

第一に、近代私法は、私的自治を原則としている。したがって、紛争の局面においても、当事者は、法的主体性を持つものとして、まず自分のことは自分で解決することが求められる。そして、自分で解決することが困難であれば、社会に存在する紛争解決システムを利用することになる。もし、彼の属する社会に、紛争解決システムが過不足なく適正に配備されているとすれば、彼は、自分の意思が反映されやすい順番に紛争解決システムを選択するはずである。

彼はまず、相手方と相対で交渉をするであろう。この相対交渉が奏功して、紛争が解決することは少なくない。この段階では紛争解決システムを利用したとは言わないが、当事者間の相対交渉で解決するのであれば、これが最も私的自治の原則に則った方法である。もっともこの場合、双方の当事者が納得した合意に基づく解決であることが前提である。力関係や不合理な要素で合意が歪められるのは論外であるが、そのようなものはそもそも私的自治とは言わないから、ここではいったん除外して考えよう。

ところで、当事者間の交渉が決裂すれば、彼は、身近な法律相談に行って解決方法を模索したり、弁護士のところに行って解決方を依頼するだろう。弁護士は、彼の代理人として、相手方と折衝をはじめるかもしれない。その結果、紛争が解決することも少なくない。法律相談を紛争解決システムの重要な入口と考えるのは一般的であり、また、弁護士が紛争解決システムの一翼を担っていると認識されていることも一般的であろうが、この段階までのところを、裁判外紛争解決とは言っても、訴訟に代替する紛争解決とは考えないだろう。まして、紛争当事者の彼は、自分のことは自分で解決するという考えの延長として、ここまでの行動をしたに過ぎない。

しかしもし、この段階で解決できないとしたら、彼は、自分のことは自分で解決する可能性が高い順序に、すなわち自分の権利に対する意思と発言をキープする可能性が高い順序に、紛争解決システムを選択するに違いない。紛争解決システムの論理上の枠組みで言えば、あっせん、調停、仲裁、訴訟の順序になるだろう。これが、私的自治を念頭に置いた場合の筋道に他ならない。

このように考えると、あっせん、調停、仲裁は、裁判外紛争解決システムではあるが、訴訟に代替するものでないことは明らかである。したがって、これらの裁判外紛争解決に、Alternative の語を充てるのは誤りだと言わなければならない。

しかしこれは、紛争解決システムが過不足なく適正に配備されていることが前提である。もし訴訟以外の紛争解決システムが弱体であり、訴訟が過剰であれば、私的自治を念頭に置いた場合の筋道が右記のとおりであったとしても、当事者は訴訟以外の紛争解決システムにアプローチできない。また仮にアプローチすることができても、満足な解決が得られない。この現象を重く見れば、訴訟が本来的で、訴訟以外の紛争解決システムが代替的であるという認識になる。しかしこれは、現象に囚われた誤った認識である。この誤った認識に基づいて、訴訟以外の紛争解決システムにＡＤＲという語を充てたことが、訴訟以外の紛争解決システムの本来の姿を、長い間覆い隠していたのである。

しかし、このことは、訴訟に過剰なエネルギーが投入され、訴訟以外の紛争解決システムに投入されるエネルギーが過少であったという歴史的事実を端的にあらわしている。これは恐らく、近代の法制度が持っていた宿命のようなものなのだろう。その近代の法制度の反省のもとで着目されるようになったのが訴訟以外の紛争解決方法だとすれば、せめて、ＡＤＲのＡに Alternative を充てないというのが最初の一歩でなければならない。

第二は、最近ようやくアメリカでも同様な自覚が生まれ、ＡＤＲのＡを Appropriate（適切な）のＡにしようという考えが出てきたという。また、ＡＤＲのＡは好ましくないので、Early（早い）のＥを充てて、ＥＤＲとしようという提唱もあるという。しかし、「早い」だけが裁判外紛争解決システムの特徴ではない。また、訴訟以外の紛争解決方法が、必ずしも「早い」とは限らない。しかも、「早い」ということを強調すると、もっと本質的な特徴を隠蔽してしまう危険性もある。したがって、このＥＤＲは、不正確なネーミングである。

不正確なネーミングと言えば、ＡＤＲも同様である。後に詳しく述べるように、訴訟以外の紛争解決は、極めて重要な理念と歴史的意義をもっている。その紛争解決システムにＡＤＲという不正確なネーミングしか与えられていないということは、まことに不幸な事態だと言わなければならない。

しかし、今はそのことを認識したうえで、先に進まざるを得ないであろう。私は以前、ＡＤＲのＡにＡ（第一級の）とか、Aid（助力する、援助）とか、Available（役に立つ、有効な）を充てたいと述べたことがあるが、ＡＤＲという略称は、いかにも便利であるので、以上の意味を持ったものとして、とりあえずは本書でも使用することにする。しかし私は、頭の中にAlternativeという言葉を置いて論述するのではない。私は、訴訟と裁判外紛争解決との比較においては、後者の方が「本来的」であると考えているので、常にそのような頭で論述している。このことは、これからも十分に留意して読み進めていただきたい。そうでなければ、本書の論旨が通じないからである。

なお、ここでＡＤＲというときには、裁判外紛争解決を行う機関を指すこともあるし、ＡＤＲ機関で行う仕事（調停、仲裁など）を指すこともある。その両義がありながら、あるところでＡＤＲという言葉を使えば、そのときに機関を指しているのか、仕事を指しているのか自然に理解できるので、ＡＤＲという呼称には不思議な便利さがあることは認めざるを得ない。

第三に、ＡＤＲという言葉の外延が不明確であるということに注意を喚起しておかなければならない。ＡＤＲの外延をひろくとって、法律相談までも入れる論者もいるのに対し、外延を狭くとって、裁判所における調停をＡＤＲに入れない論者もいる。このことは、しばしばＡＤＲ論議を混乱させるが、要はその都度ＡＤＲの定義をして論議を進めればよいのであるから、ここではこの点を指摘するにとどめたい。私が「ＡＤＲ」というときには、本章二、三の意味で用いていると理解していただきたい。

第四に、「ＡＤＲ」に適切な訳語がないこと、訳語が統一されていないことも、じつに悩ましいことである。悩ましいというばかりでなく、そのことがＡＤＲ研究に深く突っ込めなかったり、ＡＤＲの普及の妨げになっていると言っても過言ではないだろう。私は、「代替的紛争解決」と直訳するのは賛成でなく、前に述べたような理由で「裁判外紛争解決」という意訳に一応従うが、もし、機関の名称としてネーミングをする必要があるとすれば、「裁判外紛争解決」という日本語は、冗長であるばかりか、「裁判」を意識しているので独自性がなく、適切でない。さりとて、ＡＤＲセンターなどということにするわけにも行かないであろう。私は、その場合にいかなるネーミングをすべきか、一応の案を持っているが、この点については後述する。

二　わが国におけるＡＤＲ機関

わが国にも、数のうえでは多くのＡＤＲ機関がある。それらのＡＤＲ機関は、行政型ＡＤＲ、民間型ＡＤＲ、裁判所におけるＡＤＲの三つに分類される。

行政型ＡＤＲは、国または地方自治体が運営するもので、中央・地方労働委員会、公害等調整委員会、中央・都道府県建設工事紛争審査会、東京都建築紛争調停委員会、都道府県苦情処理委員会などがある。

また、民間型ADRは、民間の団体が運営するもので、社団法人国際商事仲裁協会、社団法人日本海運集会所、財団法人交通事故紛争処理センター、財団法人日弁連交通事故相談センター、医療品PLセンターなどの諸PLセンター、弁護士会の仲裁センター、工業所有権仲裁センター等々がある。

そして、裁判所におけるADRは、地方裁判所、簡易裁判所、家庭裁判所で行われる民事調停、家事調停が挙げられる。

これらのADR機関を列挙して紹介することは、すでにたくさんの文献があるので、ここでは省略するが、ADR機関の現状やその動向を知ることは、ADRについての基本的な認識を深め、将来の制度設計の在り方に指針を与えるから、そのいくつかを摘出して説明をしておきたい。

第一に、医薬品PLセンターなどの諸PLセンターであるが、これは、平成七年の製造物責任法（PL法）の施行に伴なって設立されたものである。すなわち、PL法の国会審議の際に、衆参両院の商工委員会で裁判外紛争処理体制の整備について付帯決議が行われ、通商産業省（当時）がその趣旨に則り、各業界団体に製品分野別の裁判外紛争処理体制の整備を要請した結果設立されたのである。平成一三年三月現在、医薬品PLセンター、インテリアPLセンター、化学製品PL相談センター、ガス石油機器PLセンター、家電製品PLセンター、玩具PLセンター、財団法人自動車製造物責任相談センター、住宅部品ＰＬセンター、消費生活用製品ＰＬセンター、生活用品ＰＬセンター、日本化粧品工業連合会ＰＬ相談室、防災製品ＰＬセンターがある。

第二に、平成一一年に住宅の品質確保の促進等に関する法律（品確法）が成立したが、この法律に基づいて、平成一三年三月現在、札幌、仙台を除く各弁護士会が指定住宅紛争処理機関として指定を受け、住宅紛争審査会を設立した。この品確法とそれに基づく住宅紛争審査会の特徴は、法律の中でその法律の実効性を担保するためのＡＤＲ機関の設立を予定していることである。このような例は、中央・都道府県の建設工事紛争審査会を規定している建設業法などにあるが、法律で直接民間型ＡＤＲ機関を予定したのはこれがはじめてで、ＡＤＲに対する要請は、そこまで来たのである。

第三に、これまでの文献であまり紹介されていないものとして、内閣府が所管している市場開放問題苦情処理体制（ＯＴＯ）と政府調達苦情処理検討委員会について触れておきたい。前者は、輸入や対日投資の障壁となっている具体的政府規制等に関する苦情を内外の企業等から受け付け、改善措置を取ったり、誤解の解消をすることを任務としている。後者は、物品及びサービス（建設サービスを含む）の政府調達に関する具体的な苦情を内外の企業等から受付・処理することを通じて、政府調達の透明性・公正性及び競争性の一層の向上を図ることを任務とし、当該調達が政府調達協定等に定める措置に違反している場合には、調達機関に対して是正措置の提案等を行う。この例から分かるように、わが国のＡＤＲ機関は案外種類が多く、しかも相当広い範囲に及んでいるのである。

第四に、弁護士会の仲裁センターであるが、ここでは、民事紛争の全般を扱うところが他のＡＤＲと際立った相違をあらわしている。すなわち、国際商事仲裁協会は国際的な商事関係の紛争を（国際商事仲裁協会は国内事件も扱うことになっているが事例はない）、日本海運集会所は海事関係の紛争を、中央・地方労働委員会は労働争議に関する紛争を、中央・都道府県建設工事紛争審査会は建設工事に関する紛争を扱うというように、事件類型が限定されている。これに対し、弁護士会の仲裁センターは事件類型による限定はしていない。わが国にはこのようなＡＤＲ機関は、裁判所におけるＡＤＲ以外には存在しない。しかし、全国の弁護士会に仲裁センターが設置されているわけではなく、設立順に言えば、平成一三年四月現在、第二東京、大阪、新潟県、東京、広島、横浜、第一東京、埼玉、岡山、名古屋、京都、兵庫県の一二の弁護士会だけである。このうち、名古屋には、岡崎支部にあっせん・仲裁センターが開設されているので、これを加えれば、一三ということになる。なお、新潟県、埼玉、兵庫県の各弁護士会では、あっせん、調停はするが、仲裁はしない。また、各弁護士会のセンターの名称も、仲裁センター、あっせん・仲裁センター、民事紛争処理センター等、まちまちである。

ＡＤＲ機関について述べるときりがないが、本書はＡＤＲのガイドブックではなく、ＡＤＲ機関の分布状況の雰囲気を伝えれば十分と思うので、この辺にとどめたい。ただ、ＡＤＲがどの程度利用されているかを認識するために、実績を数字で示しておく必要はあるだろう。以下に述べる数値は、平成一一年の年間件数であるが、おおよその傾向は掌握できると思う。

行政型ＡＤＲと民間型ＡＤＲは、数こそ多いが、あまり利用されていない。

行政型ＡＤＲのうち、労働委員会に対する不当労働行為事件の新規申立件数は、初審が四〇五件、再審査が五一件である。初審は地方労働委員会、再審査は地方労働委員会の処分に対する中央労働委員会への申立てであるが、労働争議調整についてはこの数字に含まれていない。

公害等調整委員会の受付件数は、調停が一、仲裁が〇、裁定その他が三である。

中央建設工事紛争審査会の申請件数は、あっせんが七、調停が二三、仲裁が一五で、都道府県建設工事紛争審査会の受付件数は、全国合計で、あっせんが二七、調停が一三九、仲裁が三八である。

東京都建築紛争調停委員会の受付件数は、あっせんが四一、調停が二である。

前述の市場開放問題苦情処理体制の受付件数は六三で、政府調達苦情検討委員会は〇である。この政府調達苦情検討委員会は、平成八年一月の開設以降平成一一年度末まで、問い合わせ、相談はかなりあるものの、受付件数はゼロであっが、平成一二年度に申立てが一件あった。

では、民間型ＡＤＲの方はどうであろうか。

国際商事仲裁協会の受理件数は、一四件である。

日本海運集会所の受付件数は、調停が〇、仲裁が一五である。

弁護士会の仲裁センターの申立件数は、全国合計が七四七件である。この弁護士会の仲裁センターは、各地で相当の格差があり、岡山、岡崎のように活発なところもあるが、低調なところもある。工業所有権仲裁センターの申立件数は、年間数件にとどまっている。

ＰＬセンターについてはばらつきがあるが、概して、苦情相談の件数は、数百件から千件を越える多数に及んでいる。しかしこれをＡＤＲ機関とみるならば、調停などの審査申立ての件数で押さえるべきであろう。この場合には、自動車製造物責任相談センターの審査申立件数の二件が、件数としては参考になるであろう。

民間型ＡＤＲの中では最も成功しているのは、交通事故紛争処理センターであるといわれているが、その示談あっせんの受理件数は、約四〇〇〇件である。また、日弁連交通事故相談センターの示談あっせん受理件数は、約一〇〇〇件である。

以上により、行政型ＡＤＲと民間型ＡＤＲの数字的ボリュームを概数で言うときには、全部で六五〇〇件と押さえておけばよいのではないかと思われる。

いわば鳴り物入りで設立され、厖大なエネルギーが投入されているわが国の行政型ＡＤＲと民間型ＡＤＲが、全部合わせても、年間六五〇〇件というレベルにあるという厳しい現実を、まず直視することから考察は進められなければならないだろう。因みにアメリカには数多くの民間型ＡＤＲがあるが、アメリカ仲裁協会（ＡＡＡ）だけで年間約八万件の事件を処理している。

このような行政型ＡＤＲと民間型ＡＤＲに対し、裁判所（地裁・簡裁・家裁）における調停制度は、相当利用されている。平成一一年の司法統計によれば、裁判所における調停は、民事調停が約二六万四〇〇〇件、家事調停が約一〇万九〇〇〇件に及んでいる。また、訴訟上の和解（地裁通常訴訟既済事件のうち）が約四万九〇〇〇件であるから、裁判所におけるＡＤＲは、ここまでの合計で約四二万二〇〇〇件ということになるが、その他に多数の簡易裁判所における訴訟上の和解事件もある。

したがって、裁判所におけるＡＤＲと裁判所以外のＡＤＲ機関とを並べてみると、その扱っている事件数は、後者を全部合わせても、割合にして一・五％、差にして四二万件の開きがあるということである（この場合、簡易裁判所における訴訟上の和解事件を除いて計算した）。

この現実をどのようにみるか、そしてこの現実をどのように変えてゆくかということが、本書のテーマに他ならない。

三　仕事としてのＡＤＲ

ではＡＤＲは、仕事として何をするのか。

わが国で行われているのは、あっせん、調停、仲裁、それにこれらを組み合わせた仕事である。アメリカを例にとれば、その他に中立的評価、ファクト・ファインディング、プライベート・ジャッジ、ミニ・トライアル、サマリー・ジュリー・トライアル等があるが、それに比較すると、わが国では、仕事としてのＡＤＲの多様性は乏しい。

あっせん、調停の区別は、曖昧である。「あっせん」はあっせん人が紛争当事者の間をとりもち紛争解決の援助をすること、「調停」は調停人が紛争当事者の中に入って解決をとりまとめることと理解されているが、理論的には截然としていない。わが国では、「調停」は民事調停法、家事審判法による裁判所調停や法律に定める調停を意味し、「あっせん」は裁判所における調停以外のものを呼称することもある。また、理論的な区別をせずに、あるＡＤＲ機関ではあっせんは一人で行い、調停は三人で行うとか、別のＡＤＲ機関では調停人が調停案を出すが、あっせんは案を出さないとか、制度設計にからめて区別をしている例も多い。したがって、内容の類似性に着目して、本書ではとくに断らない限り、あっせんも調停も単に「調停」ということにする。

仲裁は、両当事者が仲裁人の判断に従うという合意をし、その合意に基づいて仲裁人が仲裁判断をすれば、強制執行ができるという紛争解決システムである（ただし、わが国の法律では、仲裁判断に基づいて強制執行する場合には、裁判所の執行判決を得る必要がある）。したがって仲裁は、当事者が第三者である仲裁人の判断を求め、いったん仲裁判断が出ればそれが当事者を拘束するという側面では、訴訟に近いシステムである。

仲裁は、ＡＤＲ機関で行われる機関仲裁が多いが、法律上はアド・ホック仲裁といって、紛争が起こる度に任意に仲裁人を選任して、特定の仲裁機関を通さずに行うこともできる。本書は、ＡＤＲの制度設計に主眼があるから、アド・ホック仲裁を機関仲裁と区別しないが、主として機関における仲裁を念頭において考察をすすめることにする。

なお、調停（Mediation）と仲裁（Arbitration）とを組み合わせたシステムを、ミーダブということがある。ミーダブという言葉こそ使われていないが、弁護士会仲裁センターで実践されているものに、これに相当するものがある。

あらゆるADR機関が、ここで述べたすべてのADRの仕事を行っているわけではない。とくに注意すべきことは、仲裁を行わないADR機関がかなり多いということである。前節で列挙したADR機関のうちで仲裁を行わないものは、東京都建築紛争調停委員会、市場開放問題苦情処理体制、政府調達苦情検討委員会、都道府県苦情処理委員会、交通事故紛争処理センター、日弁連交通事故相談センター、医療品PLセンター等のPLセンター、裁判所（地裁、簡裁、家裁）における調停制度である。

アメリカで行われている中立的評価などについては、さまざまな文献で紹介されており、本書の論点には直接の関係がないので説明を省略する。巻末に文献を掲載するので詳しくはそれをご覧いただきたい。

四　紛争解決システム全般の位置と現状

ADR機関とADRの仕事を組み合わせてみると、どこで、何が行われているかが分かる。そして、ここに訴訟を加えれば、紛争解決システム全般の位置とボリュームが見渡せるので、この際訴訟にも登場を願うことにしよう。

ところで、ＡＤＲについては、紛争解決のためのサービス機関であると言っても、それほど抵抗は受けないであろう。すなわち、あっせん、調停、仲裁、ミーダブとシステムの相違はあっても、ＡＤＲの仕事をひと括りにすれば、それは、紛争解決だと言うことができる。

では、訴訟の方はどうであろうか。

これまで民事訴訟の目的については、権利の保護あるいは確定か、紛争の解決かという論争が繰返されていた。前者は以前は有力であったが、次第に後者が有力になり、最近では裁判所は紛争解決のためのサービス機関であるという考えが浸透し、司法制度改革審議会の資料の中にもそのような言葉が当然のように出てくるようになった。しかし、現在でも訴訟の目的に権利保護・確定があることは事実であるから、このファクターも加えてみたい。

ここまで考察を進めて、もう一度ＡＤＲの方にたち返ってみると、ＡＤＲの仕事も、事案によって濃淡はあるが、権利の保護・確定を前提にしたり、結果として権利の保護・確定を達成することもあることに気がつく。それればかりではなく、事案によっては、訴訟では認められない権利をＡＤＲが先駆けて認める場合もある。すなわち、権利の保護・確定という仕事においても、ＡＤＲが先駆的役割を果たすことがあるのである。

そのことも念頭において、権利の保護・確定と紛争解決という二つの仕事を包括して、わが国のシステム全般を鳥瞰しておきたい。

その方法としては、第三者による判断か、当事者間の合意かというファクターを横軸にとり、権利の保護・確定か、紛争解決かというファクターを縦軸にとって、それぞれのシステムの位置を見れば分かりやすいであろう。

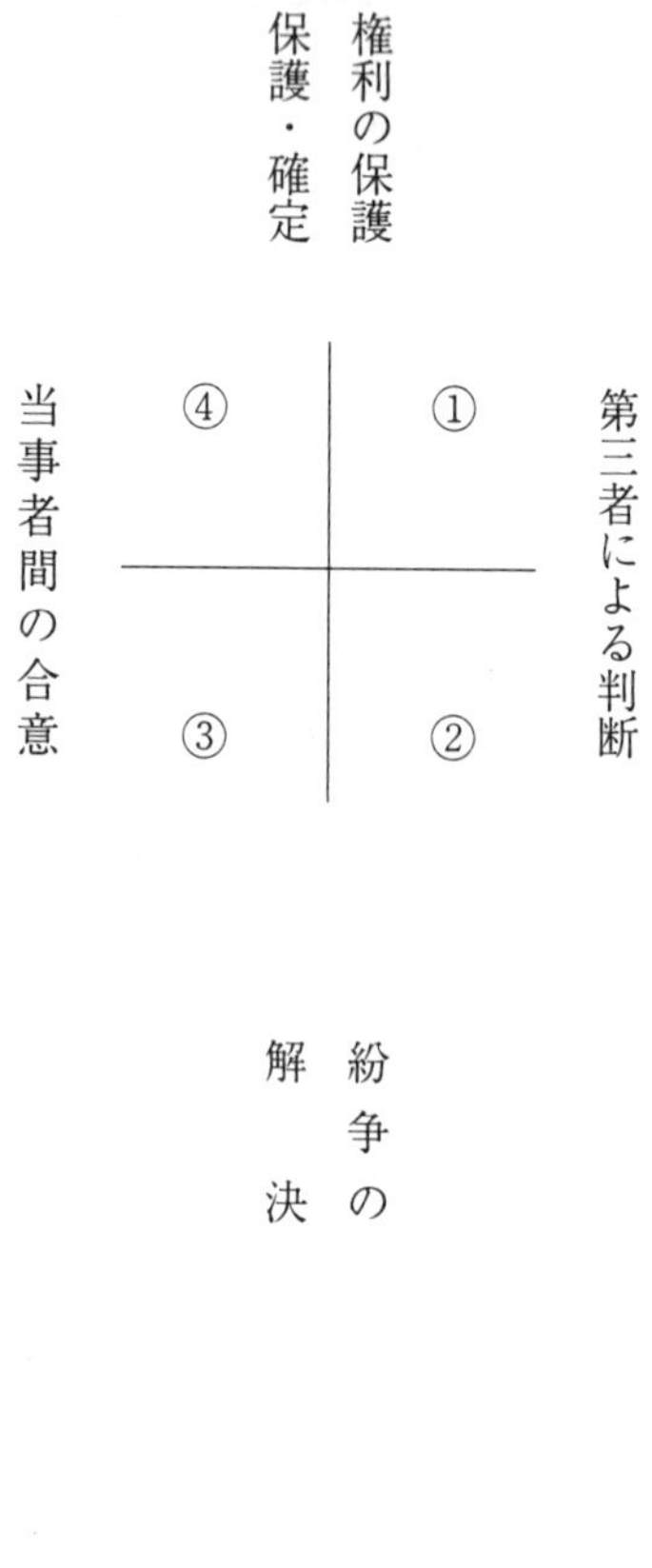

そこでまず、仕事としての訴訟とＡＤＲの位置を見てみよう。

訴訟は、①か②に位置している。そのいずれかは、事案によって相違する。あるいは事案によっては、双方にまたがるものもある。

訴訟上の和解は、基本的には③に位置するが、権利の保護・確定を前提にしたり、結果として権利の保護・確定を達成することがあるので、④の位置も無関係ではない。

調停は、もっぱら③に位置するシステムである。しかし、権利の保護・確定を前提にしたり、結果として権利の保護・確定を達成することができるので、④の位置にも関係がある。このことは、以下の仲裁やミーダブも同じである。

仲裁は、制度設計の如何によるが、主として②に位置するシステムである。しかし、仲裁契約の段階では合意を必要とするので、そのときには③に位置をとる。したがって仲裁は、③から②の位置にまたがるシステムだといってよいだろう。

調停と仲裁を組み合わせたミーダブというシステムがあることは前述のとおりであるが、これは、②と③を連結させたものである。

以上は仕事としての位置であるが、わが国の機関としてはそれぞれがどのような位置を占めているのであろうか。

民事訴訟を行う裁判所は和解もするから、①から④までの全般を占めている。これに地裁、簡裁、家裁で調停も行うから、③が重なる（④は前提的、結果的であるから省略する。以下同じ）。

これに対しＡＤＲ機関は、もっぱら③を占めるに過ぎない。仲裁ならば②ということになるが、現実には事例が少ないので、③に偏っていると言っても誤りではない。

ここから明らかになることは、理論的に出てくる差異と実際に行われている現実の間には、相当の乖離があるということである。

このことは、扱っている事件数をここに落としてみれば一層はっきりする。前に述べたことと一部重複するが、これを一覧にしてみよう。司法統計年報（平成一一年）などから概数を出せば、扱っている機関の現状と事件数（年間）の関係は以下のとおりである。

裁判所——①、②、③、④…民事訴訟　五二万三〇〇〇件
家事審判　三九万五〇〇〇件
家事調停　一〇万九〇〇〇件＊
民事調停　二六万四〇〇〇件＊
地裁通常訴訟既済事件のうち、判決　四万七〇〇〇件（除く、欠席判決）
訴訟上の和解　四万九〇〇〇件＊
裁判所以外のＡＤＲ——③（②は極めて少ない）　六五〇〇件（推定）

＊印は、仕事としてはＡＤＲに適する仕事であるが、その圧倒的多数は、裁判所が扱っているのである。すなわち、以上のことからはっきり見えるのは、裁判所が、本来ＡＤＲで行うべき仕事まで引き受け、ＡＤＲを覆いつくしているという姿である。後に述べるように、ＡＤＲの最も基本的な理念は私的自治であるが、これは、ＡＤＲの基本的理念である私的自治を国家の統治権のひとつである「司法」が飲み尽くしている構図である。

このことを実務的平面から見て別の表現をすれば、裁判所の負担が過剰になっているということである。

この基本的理念と実務的平面の双方を視野に入れれば、裁判所の負担を軽減させつつ、私的自治の理念を実現させる地平が見えてくるはずである。その具体的方策を模索するのが本書のテーマであるが、その前段階として、ＡＤＲの必要性を徹底的に洗い出してみなければならない。

第二章　裁判外紛争解決（ADR）の必要性

一　社会環境の変化と紛争解決システムの役割

右肩上がりの高度経済成長が終焉し、わが国では長期の経済的逼塞状態が続いている。この状態を打開するための方策として「規制緩和」が叫ばれ、さまざまな局面で規制緩和の方策が現実に打ち出されている。

高度経済成長の時代には、行政が規制を設けると同時に、人々を保護し企業を援助する施策を採っていたが、規制緩和の時代になると、行政は規制の枠を外すとともに、基本的には、人々や企業の自己責任にその生存と存立を委ねることとなった。そして、これまで経済の力や行政の補助で解決していた問題が、みずから解決しなければならない紛争として顕在化してきた。

例えば、わが国は既に高齢化社会に入っている。この高齢化に対応する方策として介護保険の導入が決定されたが、介護保険でカバーされない問題を行政が援助しないとなれば、誰がどのようにして高齢化に伴って噴出する問題を解決すればよいのだろうか。あるときは家族が集まり扶養の方法を決めることによって解決することもあるだろうし、あるときは財産を信託することによって解決することもあるだろう。すなわち、高度経済成長の時代に比べると、はるかにきめ細かな解決方法を模索する必要が出てきたのである。

また、経済的逼塞状態が長く続くと、企業は自己の責任で合理化やリストラをしなければならなくなる。そして現実に、企業の倒産や解雇に伴うトラブルが連日の新聞紙上を賑わしている。

これらはほんの一例に過ぎないが、高度経済成長の終焉と規制緩和の施策は紛争の多発化を招くと同時に、紛争に直面した人々や企業を、みずから解決しなければならない事態に必然的に追い込んでいるのである。

しかし、紛争が多発する原因はそれだけではない。

明治初年に近代法に基づく裁判制度が導入されて以来ゆうに百年を超えるが、当初はこれほど社会が複雑になることは想定されていなかったであろう。

とくに高度経済成長以降は、社会や経済の仕組みは格段に複雑になった。例を挙げるまでもないことだが、例えばボーダーレスの社会になって、海外から人や物資や情報が流入し、逆に海外へそれらが流出する。経済は資本の流出入を抜きにして語れなくなった、新しい知的所有権がつぎつぎに生まれる……そしてそれらを巡って複雑なトラブルや紛争が展開される。

また、古い慣習は忘れられ、新しいモードの波が押し寄せてくる。多様な価値観が生まれ、その相違が対立関係をつくり出す。例えば家族や親族間のトラブルや悩みが深刻になって、容易に解決の糸口が見出せなくなった。

かつては普遍的に存在していた共同体のシステムは、今やほとんど消失した。また一面では、個人の権利は確立したとも言えよう。個人の権利の確立はそれ自体は望ましいものではあるが、それは同時に個々の権利や利害の多様化をもたらしたために、いったん紛争が発生すると、相互の権利や利害が錯綜して、解決の道筋を発見することが困難になった。

それらの諸現象がますます人々や企業の自己主張を強くさせた。しかし、解決の拠り所とする規範の方もまた多様化し、複雑になったきた。例えば、Ａという規範には、対立するＢという規範が存在することが少なくない。甲はＡという正義を掲げ、乙はＢという正義を掲げて争うと、互いに身動きができなくなり、いきおい紛争の長期化は避けられなくなる。そしてこのことは、社会的な規範の崩壊現象に、一層の拍車をかけることになった。

もちろんこのような社会現象がよしとされ、そのまま放置されているわけではない。社会、経済の複雑化、価値観の多様化、規範の崩壊現象という極めて現代的な問題を克服し、しかも同時に、規制緩和、自己責任という新しい課題に対応するための、透明で公正なルールづくりが必要であることは、心ある人々の中で認識されている。そしてそれらの多くは、国の立法作業に期待され、また実行に移されつつある。

立法過程から目を転じて司法過程を見ると、この社会、経済の複雑化、価値観の多様化、規範の崩壊現象という社会環境の変化に、司法が適切に対応し、役割を果たしているかという問題になる。そして、もし司法が十分に役割を果たしていないのならば、それはなぜか、どうすればよいのか、ということが次の課題になる。

しかし、よく考えてみると、社会環境の変化に対応し、多発する紛争を解決する役割を担うべきものは、果たして「司法」だけなのであろうか、という問があって然るべきであろう。

司法制度改革審議会の中間報告には、「裁判外の紛争解決手段（ＡＤＲ）の拡充・活性化」という項目があって、ＡＤＲにもその役割を担うことが期待されているが、ＡＤＲが司法の一環として期待されているのか、独自性のある紛争解決システムとして期待されているのか、必ずしもはっきりしない。

私は、後に述べるように、ＡＤＲは司法とは別個の紛争解決システムであると考えているから、ここで期待されているのは、司法だけでなく、ＡＤＲを含めた紛争解決システム全体だということになる。

このように考えると、私は、以下のような基本的な認識に立たざるを得ない。

第一に、社会、経済の複雑化、価値観の多様化、規範の崩壊現象という社会環境の変化に、わが国の紛争解決システムが適切に対応しているかという問題については、十分には対応していない、むしろ極めて不十分である、という認識に立っている。さらに具体的にいえば、この社会現象から噴出する複雑、多様な紛争を解決する紛争解決システムは、不十分だということである。したがって、規制緩和、自己責任が深化するに従って、その不備な面はますます増大するだろうということになる。

第二に、なぜ十分な役割を果たしていないかというと、わが国の民事紛争に対応する紛争解決システムが、裁判所、とくに訴訟システムに集中し過ぎているからであると考えている。もちろん、紛争解決システムが十分な役割を果たしていない理由はそれだけではない。私は、紛争解決システムが十分な役割を果たしていない大きな理由のひとつとして、民事紛争が裁判所、とくに訴訟に持ち込まれ過ぎていることが挙げられると考えているのである。

第三に、それではどうすればよいのかという課題に対しては、裁判外紛争解決（ＡＤＲ）を充実させることによって、紛争解決システムは全体として、その役割を果たすことが可能になるという認識を持っている。

この私の認識を論証するのが、本書の重要なテーマであり、論証されたテーマに基づいて、改革案を提示するのが、本書の目的である。

なお、前述のとおり、司法制度審議会の中間報告において、ＡＤＲの拡充・活性化が掲げられたが、他の項目と比較すると、具体性に乏しいと思われる。事実これまでの審議の中ではほとんど論議されておらず、ＡＤＲはこれからの課題であろう。しかし、ＡＤＲについてどのように制度設計するかという課題は、わが国の紛争解決システム全般に決定的な影響を及ぼす問題であるから、敢えて今、改革案を提示しておきたい。

そこでまず、さまざまな角度から裁判外紛争解決（ＡＤＲ）の必要性を検討し、論証することを試みなければならない。

ＡＤＲの必要性を考察する場合、いくつかの切り口が考えられる。

そのひとつは、規制緩和の施策に対応するために起こってきた必要性である。そして、もうひとつは、社会、経済の複雑化、価値観の多様化、規範の崩壊現象という社会環境の変化がもたらした必要性である。さらに、ＡＤＲの基本的理念と歴史的意義が要請する必要性がある。

これらの必要性は、相互に関連していて本来不可分のものであるが、同時に考察すると理解しにくくなるので、順序を追って論述する必要があるだろう。

そこで考察の順序であるが、まず、規制緩和の施策に対応するために起こってきた必要性を論じたい。これは、最近の動向に即応していて具体性があるので、理解しやすいと思われるからである。そして次に、社会環境の変化がもたらした必要性をさまざまな角度から考察することにする。

さて、ＡＤＲの基本的理念と歴史的意義が要請する必要性であるが、これについては、基本的理念と歴史的意義を認識することが主眼になる。したがって、章を改めて、基本的理念と歴史的意義を論述することにし、そこに必要性をつけ加えるという形にしたいと思う。

二　規制緩和がもたらすＡＤＲへの期待

医薬品ＰＬセンターなどの諸ＰＬセンターが製造物責任法（ＰＬ法）の制定に伴って設立されたこと、住宅紛争審査会が住宅の品質確保の促進等に関する法律（品確法）に基づいて各地の弁護士会に設置されたことについては、前述したとおりである。

このＰＬ法も品確法も、規制緩和の施策に対応するための立法である。すなわち、規制緩和を簡単に要約すれば、行政による事前規制を緩めて自己責任の原則を徹底しようという施策であるが、それをそのまま事業者と消費者の取引に適用すれば、情報量の質・量と交渉力に格差があるために、圧倒的に消費者に不利益が生ずる。したがって、その格差を埋め、消費者の利益を擁護するための立法的な手当が必要になり、ＰＬ法や品確法や後述する消費者契約法が生まれたのである。

しかし、立法そのものは規制緩和に対応するための措置であるが、その法律に関連して、事業者と消費者の間に紛争が発生したときに、もし、紛争解決システムとして従来の訴訟しか存在しなければ、消費者はその利益を擁護するために、手続きの重い訴訟を余儀なくされ、多くの時間と労力、そして往々にして高い費用をかけなければならない。これでは、せっかく規制緩和に対応する立法的措置をしても、消費者の権利の実現という観点からすると、画餅になってしまう。そこで、訴訟外の迅速、公正な紛争解決システムが求められるようになった。

ＰＬ法の国会審議の際に衆参両院の商工委員会において付帯決議が行われたことは前述したが、因みに衆議院の商工委員会の付帯決議では、「裁判によらない迅速公正な救済システムの有効性にかんがみ、裁判外の紛争処理体勢を充実強化すること」となっている。

平成一二年五月に成立した消費者契約法は、平成一三年四月一日に施行されたが、この消費者契約法も、規制緩和に対応するために消費者の利益を擁護することを目的として立法されたことは周知のとおりである。この立法の際にも、衆議院の商工委員会で以下のような付帯決議が行われた。少し長くなるが、規制緩和とＡＤＲの関連性を明らかにするために重要な論点であるから、ここに引用しておくことにしたい。

消費者契約に係る紛争の簡易、迅速な解決を図るため、裁判外の紛争処理機関の強化を図ること。

特に、

(1)　国民生活センター、都道府県及び市町村自治体に設置された消費生活センターが、消費者契約に係る紛争の解決について果たすべき役割の重要性にかんがみ、その充実・強化を図ること。都道府県及び市町村自治体に対しても、その住民が身近な消費生活センターで消費者契約に係る適切な情報提供、苦情相談、苦情処理が受けられる体制を確保されるよう要請すること。

(2) 消費生活センターにおいて、消費者契約法に係る紛争（トラブル）について相談、あっせんを行っている消費生活相談員は、その専門的な知識を基に本法を活用した消費者利益の擁護のために重要な役割を果たすことが期待されることにかんがみ、その育成・人材の確保及び本法のみならず民法や各般の個別法を総合的に活用できる専門性の向上のため、適切な施策を行うこと。

(3) 都道府県等において条例で設置されている苦情処理委員会が、消費生活センターと手続的連続性を有しながら、消費者契約法に係る紛争を解決するための公正かつ中立的機関として活用できることにかんがみ、高度に専門的な紛争の処理能力を向上させるため、苦情処理機関の要請に応じて専門家を地方に派遣するなど、その活性化のための支援策を講ずること。

(4) 消費者契約に係る紛争が裁判外で適切に解決されるための手段を十分確保するため、各地の弁護士会が設置する弁護士仲裁センターが消費者契約に係る紛争解決に当たり、利用やすいものとなるよう、日本弁護士連合会に協力を要請すること。

以上の付帯決議によれば、消費者契約法は、ＰＬ法や品確法のように新たなＡＤＲ機関を設立することまでも構想しているのではないが、既存のＡＤＲを強化して、フルに活用しようという姿勢が明確に見てとれる。

このような動きから、規制緩和の施策、それに対応する立法、立法の実効性を担保するためのＡＤＲの充実・強化という流れが確実に出てきたことが明らかになる。このことは、ある意味で歴史的必然なのである。私は以前、訴訟に過剰なエネルギーが投入されてきたという歴史的事実は近代の法制度が持っている宿命のようなものではないかと述べたが、ＡＤＲを要請する歴史的必然性は、ようやく宿命の桎梏から脱出する契機をもたらしたのだと言ってよいだろう。しかし、実際にこの宿命から脱出できるか否かは、ＡＤＲ設計をきちんとすることができるか否かにかかっているのである。

三　司法に対する期待の膨らみと変化

「司法」は、立法、行政に並ぶ国の三権のひとつで、法に基づく民事（行政事件をふくむ）・刑事の裁判及びそれに関連する国家作用である、と説明されている。しかし、ＡＤＲは民事紛争に関する解決システムであるから、本書の対象は、民事事件に限定することにする。

民事事件に限定した場合の「司法」は、法に基づく民事の裁判及びそれに関連する国家作用ということになるから、したがって、司法制度改革といえば、裁判制度改革というふうに、連想がそこに直結し、限定されてしまうことに理由がないわけではない。

しかし、一歩立ち止まって考えれば、裁判制度が人々の生活や企業の活動と切り離された存在でないことは、ただちに分かるはずである。すなわち、裁判制度は、生活事実や企業活動の中で発生するさまざまな内容とレベルの紛争が裁判所に持ち込まれ、裁判過程を通じその個々の紛争に対して国家の判断がなされるシステムである。したがって、裁判制度そのものだけに限定して生活事実や企業活動を軽視すると、全体の構造が見えなくなり、思考が隘路に陥ってしまうのである。

民事裁判の基本的パターンは、相争うＡとＢが主張、立証をつくし、裁判所が法を適用してＡかＢかのいずれかに軍配を上げる、すなわち勝ち負けを決めるという形で終局する、というものである。そして、もし敗れた当事者が判決に従わないときには、最終的には国の力で強制執行するという形で、勝者の権利が保護される。

法に従わない者が存在する限り、それに対して権利を保護するこのようなシステムを、国家が用意する必要はある。

しかし、人々や企業が紛争を裁判所に持ち込むとき、すべてこのパターンどおりのことをしてほしいと裁判所に期待しているかといえば、必ずしもそうではない。多くの人々や企業は、今直面している紛争をなんとか解決してほしいと念願して、裁判所に事件を持ち込むのである。すなわち、勝ち負けを決めてほしいというよりも、紛争を解決してほしいのである。

勝ち負けを決めてほしいという期待のうえに、紛争を解決してほしいという期待が加わると、いきおい司法に対する期待が膨らんでくる。しかも、前に述べたとおり、社会が複雑になり権利関係が錯綜してくると、紛争そのものも複雑化、多様化してくる。それに伴って、司法に対する期待もますます膨張し、多くの複雑、多様な紛争が裁判所に持ち込まれてくる。ということになると、その膨張した期待に旧来の訴訟システムがこたえることができるか、という問題が出てくるのは当然であろう。

一方、社会の複雑化、権利の錯綜化が紛争解決の方法に多様化をもたらし、かえって解決しやすくなるという興味ある現象も出てきた。

一例を挙げよう。

借地人が相続の機会や資金調達の必要があるときに、その借地権を金銭に換えたいと考えることはよくあることである。そういうときには、借地人は、まずその借地権を誰かに売ることを考える。しかし、借地権を第三者に譲渡するときには地主の承諾を得なければならない。ところがそういう場合に、すっきりと承諾する地主は滅多にいないものである。

借地法が昭和四一年に改正される以前は、地主の承諾がないままに借地人がその借地権を第三者に譲渡してしまって、あとから地主から契約違反で解除され、訴訟が提起されて、訴訟の場で、黙示の承諾があったとか、解除が無効であるとか争われていた。このような訴訟が多かったのは、借地権に財産的価値がついたこと、経済活動が活発になったことなどのさまざまな社会的、経済的変動がその背景にあったからであって、その背景を反映して、訴訟に対する要請が必然的に膨らんできたのだということができる。

しかし、このような訴訟は、熾烈に展開されるわりには、実りが少ない。もともとの借地人の願望は借地権を金銭に換えたいということであるから、借地人の希望を叶えつつ地主の利益を護る方策が模索されることは、当然の成り行きである。そこで、借地法に第九条ノ二が追加され、地主が承諾をしなければ、借地人は裁判所に地主の承諾に代わる許可を求めることができるように改正された。この条項は、平成四年に施行された借地借家法にも受け継がれている。この場合、裁判所は地主との間の衡平を図るために、借地人に対し地主に金銭を支払うことを命ずることができるようになった。また、地主は、第三者に借地権を譲渡するのならば、自分が買い取ると申し立てて、借地人と第三者との取引に介入することもできるようになった。

この手続は、民事訴訟法による訴訟手続ではなく、非訟事件手続法による非訟手続で紛争解決がはかられるのである。非訟手続というのは、この例のように、裁判所が私人間の生活関係に立ち入って、後見的見地から一定の権利関係を創設するための命令や処分をする手続であるが、このような新しい法律ができたということは、司法に対する期待が膨らみ、その期待にこたえて司法の役割が変化してきたことにほかならない。

では、この例の場合に、裁判所が非訟手続を用意すればそれで十分になったかというと、そうでもない。社会の変化の方が裁判所システムの変化よりもはるかに激しく、そのあり方の様相は複雑なのである。だいいち、この非訟手続に乗せようとする場合には、借地人は借地権を譲り受ける第三者を探してこなければならない。しかし、借地権は法的に不安定であるし、金融機関は借地権を担保にして融資することには躊躇するものである。まして昨今のような不況になると、簡単に借地権の買手は見つかるものではないのである。

それではいったい借地人はどうしたらよいのであろうか。

もともと借地人の願望というのは、借地権を金銭に換えたいということであった。それならば、非訟手続が予定している手段だけに頼らずにもっと他にも解決の出口があるのではなかろうか。このように考えると、さまざまな解決の出口が見えてくる。考えられる出口を列挙すると次のとおりになる。

① 地主の底地と一緒に借地人が借地権を第三者に売却する。

この出口に出る道筋は割合簡単で、地主の底地と借地人の借地権を同時に第三者に売るという合意を取りつけたうえで、その場合の取り分の比率を決めておき、それから買い手を見つければよいのである。

② 地主に借地権を買い取ってもらう。

この方法はもっと簡単で、要は地主が借地権を買い取ると言えば、あとは売買代金を決めればよいだけである。これは前述の非訟手続の介入権の行使と結論は同じになるが、第三者の買手を探してきて非訟手続を経るというような、迂遠なことをする必要がない。

③ 地主の底地と借地人の借地権を交換する。

例えば、一〇〇坪の土地について借地権を持っている場合、それを六〇坪と四〇坪に切って、借地人は四〇坪の借地権を地主に譲渡する、これと交換に、地主は六〇坪の底地を借地人に譲渡する。交換後は、地主は四〇坪の所有者、借地人は六〇坪の所有者になるので、借地人が金銭をほしければ、その六〇坪を売却すればよい。

④　借地人が地主の底地を買い取る。

これは②と逆のケースであり、借地人は資金の目処をつけなければならないが、買い取り後はさまざまな利用方法や資金調達方法があり得るので、借地人のためにはかえって利益になることもある。

⑤　地主と借地人が一緒に再開発する。

地主と借地人が一緒に再開発してマンションを建設しようというスケールの大きい解決方法もある。この場合は、借地人はマンションのいくつかの部屋の区分所有者になるが、金銭が必要ならその全部または一部を売却すればよい。

以上のように、借地人が借地権を金銭に換えたいときには、①～⑤の解決方法＝出口が考えられるが、このような数多くの解決方法が出てきたということは、経済の動向、租税特別措置法の定め、都市の人口構成、家族構成のあり方等々、社会のありとあらゆる情勢がここに反映されているということである。しかもその変化に従って、当事者が選択する解決方法も刻々と変動する。例えば、好況のときには⑤が選択される頻度が少なくなかったが、不況になると⑤はあまり選択されなくなる。

このような当事者の願望は、そのまま司法への期待として膨らんできた。そして、借地人が借地権を金銭に換えたいという願望は、そのままの形では裁判所に持ち込むことはできないので、昭和四一年の借地法改正以前は請求権の姿を変えて訴訟手続で、改正以後は非訟手続で、というふうに形を変えて持ち込まれるようになっていた。

しかし、借地人が借地権を金銭に換えたいということで①〜⑤の解決を狙い、地主もそのいずれかならば利益になるというのであれば、このケースはだんぜん調停がよいということになるのではないだろうか。すなわち、ここはADRの出番ということになる。換言すれば、司法に対する期待が膨らんできた現在、訴訟手続ではそれを十分に受容することができなくなり、その多くはADRが担わなければならないことになったのである。

以上のとおり、司法に対する期待が膨らみ、それに伴って、司法自体が変化することを余儀なくされたが、ここまでくると、従来の訴訟システムではとうていトレースできないことになってきたことは明らかである。すなわち、司法に対する膨らみに見えたものは、じつは紛争解決システム全体に対する期待だったのである。ここにADRに対する必要性が大きくクローズアップされきたのである。

四　多様な紛争解決規範を使用する当事者の合意による解決

社会、経済の複雑化、価値観の多様化、規範の崩壊現象とともに、人々や企業の権利主張が強くなってきたことは前述したとおりであるが、このことが紛争解決の局面で何をもたらしたかというと、

それは、

第一に、人々や企業が、訴訟による勝ち負けよりも当事者間の合意による解決を望む、というひとつの流れがでてきた。すなわち、自分たちが納得する解決を求めるようになり、実情に応じた解決方法や合意による解決の価値を高く評価するようになったのである。ただし、ここで注意すべきことは、合意による解決を求めるといっても、安易に妥協することではない。

第二に、解決のために使用する基準として、法規範や判例だけでなく、以下に述べるようなさまざまな紛争解決規範が使われるようになった。前に述べたように、Ａという規範に対立するＢという規範が存在するほど社会が複雑になると、法規範や判例をそのまま適用するだけで解決できる紛争は少なくなってきたのである。

ここで、「紛争解決規範」について考察しておかなければならない。

法は、行為規範であり、社会規範であるといわれている。そしてまた、いったん紛争が起こったときには、裁判規範としての機能を発揮するといわれている。しかし法は、紛争の局面では、裁判規範としての機能を発揮する前に、紛争解決のための規範としての機能を発揮する。この機能に着目して、「紛争解決のためにそれを使うことが正当とされる基準」を紛争解決規範と定義すると、法はまさしく紛争解決規範なのである。

このように紛争解決規範を定義すると、紛争解決規範は法だけではないということが見えてくる。

すなわち、紛争解決のために使う基準としては、成文法の外に、判例、訴訟上の和解・調停・仲裁の解決例、学説、諸科学の成果、技術的判定、慣習、自然法、経済的合理性、ゲームの理論等々、さまざまなものがある。

人々や企業は、このようなさまざまな紛争解決規範を組み合わせたり、化合したりして、現実に紛争を解決しているのである。そしてもし、使用できる紛争解決規範がなければ、紛争の真っ最中に、新たな規範をつくったり、これから生まれそうな規範を発見したりして解決する――これこそ生々しい現代のダイナミクスであるから、合意による解決が模索されることは自然である。

またここで、もうひとつ考察しておかなければならないことがある。それは、民事調停法第一条の定めである。

民事調停法第一条には、「この法律は、民事に関する紛争につき、当事者の互譲により、条理にかない実情に即した解決を図ることを目的とする。」と書かれている。そのために「調停」といえば、条理に基づいて「互譲」の精神で解決するものである、と一般に長く考えられていた。さらに短絡的に、調停とは「妥協」だと思われていた。たしかに、調停の場面では、条理によることもあり、互譲が必要なこともある。ときには、妥協も必要であろう。しかし、人々や企業の自己主張、権利主張が強くなると、条理や互譲だけでは調停はうまくゆかないことが多くなった。まして安易な妥協はしなくなった。豊富な紛争解決規範を駆使し、合意に到達しなければ、調停はできなくなってきたのである。

私のいう「調停」は、条理に基づく互譲の精神というレベルを越えて、豊富な紛争解決規範を駆使し、当事者間の合意をめざすものである。そしてその理想的な到達点は、当事者が真に納得する和解である。そしてまた、調停に隣接するシステムとして、仲裁を視野に入れている。それらの総合体としてＡＤＲを想定しているのである。

当事者間の合意に到達するまでの手続、多様な紛争解決規範の存在と使用方法の一例として、私が第一東京弁護士会仲裁センターで解決した事例に即して、以下に説明する。

この事件は、中立人Ｘが相手方をＹとして、当初は調停を申立てたものであり、Ｘの主張は以下のとおりである。

会社員Ｘは、注文住宅建設を業とするＹ株式会社との間で、自宅建物を新築する工事請負契約を締結した。請負代金の総額は五一〇〇万円であったが、契約締結と同時に「契約金」として四〇〇万円を支払う定めがあったので、Ｘはその契約条項に従って、Ｙに対し四〇〇万円を支払った。しかし、Ｘの建設予定地は、かねてから建築基準法上の接道義務を果たしていなかったので、隣地所有者と土地を交換して通路を拡幅するのが先決であった。にもかかわらず、Ｙからキャンペーン中だから建築費用が安くなるなどと契約締結を急がされ、道路問題未解決のまま、しかも、契約内容の説明を十分に受けないで契約をしてしまった。また、Ｘが公庫融資の申込みを急いでいた等の事情があり、その事情に乗ぜられたという事実もあり、ＸがＹの住宅展示場を初めて見学をしてから契約締結まで僅か二週間しかないのは不自然である。よって、要素の錯誤による無効、もしくは詐欺による取消により、あるいは契約を解除するから、支払った契約金四〇〇万円を返還せよ――

　これに対して、Ｙは次のとおり反論した。

すなわち、Ｙは決して契約締結を急いだわけではなく、事前にＸと十分に打ち合わせをした。また、隣地所有者との道路問題も、関係者の利害関係からすると早晩解決する見通しがあり、現にＸの調停申立て以前に解決しているので、未解決のまま契約を締結したからといって、それをもって無効原因、取消事由にすることには理由がない。工事請負契約には、工事着工前に注文主が解除するときには契約金を返還しないという定めがあるから、その契約条項に基づき、契約金は返還しない――

　ところで、このＸとＹの主張の対立を訴訟で裁くとなれば、どのような規範が使われ、どのような結論になるだろうか。

　Ｘの主張が認められる場合は、民法九五条の錯誤または民法九六条一項の詐欺が適用され、ＹはＸに四〇〇万円を返還しなければならない。この場合には、工事請負契約の契約金は返還しないという条項は排除される。

　Ｙの主張が認められる場合は、工事請負契約の契約金は返還しないという条項が適用され、Ｘには契約金が返還されない。すなわち、ゼロである。この場合には、錯誤または詐欺の主張は排除される。前者はＸの勝ち、後者はＹの勝ちであるが、工事請負契約の形式よりも当事者間のやりとりの実質を重視すれば前者になり、あくまでも形式を重視するというのであれば後者の結論になる。これが訴訟になった場合の原則である。

しかし当事者は、このような四〇〇万円かゼロかという勝ち負けを、必ずしも望んでいるわけではない。それではその先にどのような解決があり得るのかということになるが、そのことに入る前に注意すべきことは、この段階ですでに規範の衝突が起こっていることである。そして、もし四〇〇万円かゼロかという結論を避けたいのならば、別の紛争解決規範の動員が必要なのである。

そのような解決は、訴訟の中でも行われている。すなわち、Ｘが民法七〇九条の不法行為を主張し、Ｙが民法七二二条二項の過失相殺を主張して、裁判所がそれを認めれば、四〇〇万円とゼロの中間に結論を得ることが可能になる。ワラント債をめぐる取引において説明義務を尽くしていないという理由で、いったん取引の違法性を認め、そこから過失分を相殺するという判例が、最近かなり出てきた。しかし、裁判所が取引の違法性を認めなければ、これらの規範は使用されず、もとのゼロという結論になるのである。

さて、ＸとＹとの契約金の返還をめぐる紛争に戻ろう。このケースは、調停事件として申立てられたことは前述のとおりである。

第一回期日には、当事者双方からその主張を聞いた。そしてYは、従前からXに申入れていた通り契約金のうちの二〇〇万円を返還すると述べた。しかしXはYの提案に納得せず、あくまでも四〇〇万円を返還せよと主張して、第一回期日は終了した。

第二回期日には、再び当事者双方が主張を尽くした。そしてXは、返還額を三五〇万円にすることを提案した。しかしYは、契約金の半額を返還すれば十分だと主張して、それ以上は譲らなかった。

この段階で当事者と仲裁人が話題にした紛争解決規範は、当時国会に上程されることが予定されていた消費者契約法（この後の平成一二年五月に成立したことは前述したとおり）である。これは、消費者と事業者との情報の格差を埋めるために、従来の民法理論を修正して、事業者が消費者に必要な情報を提供するよう努めることを定めるとともに、解除に伴う損害賠償の額の予定につき一定額を超える部分は無効とすることを柱にしている。これはまさしく規制緩和に対応する立法措置であって、当時はまだ国会に上程されていなかったとはいえ、諸外国ではすでに多くの国が立法し、今やグローバルスタンダードの紛争解決規範と言えるから、調停においては積極的に使用すべきではないかということである。

この事案では、工事着工前に注文主が契約を解除するときは請負人は契約金を返還しないという条項を、Xは説明を受けなかったというし、Yは説明したというが、Xが重要な条項と認識するほどYが説明を尽くさなかったことには争いがないので、その点を加味して解決案を出すよう、私は双方に要請した。

紛争解決規範として生まれつつある消費者契約法を使用するか、判例にときどき出てくる不法行為、過失相殺を使用するかということは、結論的には同じようになると思われるかも知れないが、ここには相当の差異がある。

第一に、裁判所は必ずしもこの不法行為、過失相殺を適用して、消費者の請求を認めるわけではない。数のうえではまだ少数派と言ってよいのではないだろうか。また、これが認められても、大幅な過失相殺をする事例が多く、消費者の過失割合を五〇％以下とするものは少ない。消費者契約法の基本的スタンスは、消費者を保護するために消費者と事業者との情報の格差を是止することにあるから、重要事項の説明不足は大きな意味を持つ。したがって、当事者が消費者契約法を紛争解決規範として使用することに同意すれば（と言っても、当時はまだ法律にはなっていないから、その趣旨を尊重して解決するということである）、気持が安定するし、また、五〇％の線を若干Ｘの方に寄せても違和感はない。

第二に、消費者契約法を視野に入れると、Ｙが心理的に納得しやすくなる。そして、将来の取引について注意すべきことが明確になり、この調停が経験になって、将来の紛争を予防することができる。これらのことが社内的な決裁を得やすくして、合意に到達する可能性が大きくなる。

さて、第三回期日では、まずＹが返還すべき額として二四〇万円を提案した。これに対し、Ｘは三〇〇万円を提案した。そこで問題になることは、三〇〇万円と二四〇万円の差をどのようにして埋めるかということである。

従前の調停のやり方では、ここから先が激しい争いになる。双方が相手方に妥協を迫り、結局断固として譲らない方に結論が傾いて、大幅な妥協をした方が不満を述べた揚句、双方気まずい思いで終了することが多い。また、感情的になって調停が決裂することさえある。

そこで私は、新しい手続的な紛争解決規範を使用することを提案した。すなわち、アメリカで行われている仲裁に、最終提案仲裁（final offer arbitration）あるいは野球式仲裁（baseball arbitration）といわれる方式がある。これは、当事者双方が最終的な提案をし、仲裁人が当事者がした提案のいずれか一方を選択して（すなわち中間値を採らない）、それをもって仲裁判断とする方式である。

しかし、この方式はXの最終提案が必ずYの最終提案を上回ることを前提としており、いかにも欧米式の感覚に基づいている。これに対し、Xの最終提案がYの最終提案を下回ることもあり得るというのが、東洋人の感覚であろう。そこで私は、この最終提案仲裁に、Xの最終提案がYの最終提案を下回ったときにはその中間値をもって仲裁判断とする付帯条件を加えることとし、いわば新手つきの最終提案仲裁を提案した。このようにすると、当事者は思い切った最終提案をすることが可能になるし、双方の最終提案が近づけば、納得や合意が得やすくなる。

私がこの新手つき最終提案仲裁を提案したところ、当事者が次回にこの方式を採用するか否かを回答することとなり、第三回期日は終了した。

第四回期日では、当事者双方とも私が提案した付帯条件つきの最終提案仲裁をすることに合意して、仲裁契約を締結した。この段階で、調停手続は仲裁手続に移行した。

そしてただちに、当事者双方は、最終提案を提出した。Ｘの最終提案は、二五六万円であり、Ｙの最終提案は、二五〇万円であった。

最終提案を選択するにあたって、私が使用した紛争解決規範は何であろうか。もとより、判例やもろもろの紛争解決規範が脳裏をよぎったことは事実である。しかし、二五六万円が正しいか、二五〇万円が正しいかという基準は、どこを探してもないだろう。私は、さまざまな要素を考量して、二五〇万円の方を選択したが、その選択に合理的な説明をせよと言われても困るところがある。率直に言えば、当事者の最終的な意思が二五六万円と二五〇万円ならば、二五〇万円の方がより望ましいと考えただけである。ただ私は「損して得取れ」という俚諺を引いて、Ｘに対し、あなたは契約を締結することの難しさを勉強し、これからは手堅く契約をすることができるようになったのだから、Ｙに差額の六万円をプレゼントしてほしいという言葉をつけ加えて、仲裁判断をした。

この事案によって、ＡＤＲの特徴―手続の柔軟性と幅広さ、使用する紛争解決規範の多様性、当事者の合意を重視した解決―を理解していただけると思う。なお私は、ここで調停と仲裁を連結したミーダブという論理的枠組みを使用したことになる。

五　訴訟とＡＤＲの仕様上の相違点

ここまで考察をすすめると、訴訟とＡＤＲとの相違点がかなりはっきり見えてきたと思う。しかし、もう一歩前進させて、訴訟とＡＤＲとの相違点をきちんと整理しておく必要があるだろう。はじめに念頭に置いておくべきことは、訴訟とＡＤＲの基本的な相違点である。結論を端的に言えば、次のとおりである。

すなわち、訴訟は、裁判官による有権的な判断で裁きをつける。これに対し、ＡＤＲは、当事者の意思と責任で解決する私的自治が基本である。

紛争解決をめざすという目的の点では同じであるにもかかわらず、基本的なところにこれほど際立った相違があるということは、極めて特異なことである。したがって、このことは、強く認識しておく必要がある。

しかしこれは、ＡＤＲの基本的理念の問題であるから、基本的理念と歴史的意義を考察する際に詳しく述べることにしたい。ここでは、より実務的観点から、訴訟とＡＤＲの仕様上の相違点をみておくことにしよう。

ところで、民事訴訟という言葉から、人は何をイメージするであろうか。まず、裁判所の建物、つぎに法廷、そして中央に座っている裁判官、両サイドの弁護士、当事者、傍聴人。まずこんなところをイメージするのが普通であろうが、これはすべてコンピュータで言えばハードの姿である。そして、法曹一元、参審、陪審、法曹人口。これらはみんなハードをどうするかという問題である。ハードも大切であるが、ソフトがなければコンピュータは動かない。では、訴訟のソフトはどのようになっているのであろうか。

訴訟は、言葉でできているシステムである。そのことは、ＡＤＲも同じであるが、ここでは先に訴訟の論理システムを見てみよう。

訴訟では、当事者がその主張と立証を、あたかも原料を機械の中に入れるように、言葉という形にしてインプットする。裁判官は、言葉で考え、言葉でできている法律、判例にあてはめ、言葉でできた手続を通しながら原料を加工し、最後に判決という言葉でできた製品をアウトプットする。したがって、訴訟というシステムは、機械装置のようなものである。機械装置であるから、そこには、その機械の仕様がある。その仕様が訴訟のソフトに他ならない。

そこで、訴訟の仕様書を書いてみよう。

訴訟の仕様を列挙すれば、次のとおりである。

①　原則として一〇〇対ゼロの勝ち負けという形で結果が出ること。すなわち、ゼロ・サムゲーム

であるから、出口が一つであること。したがって、権利が一〇〇対ゼロの紛争には適しているが、例えば権利の重さが相対的に五一対四九のときは、勝った方が負けた方の四九を奪うことになって、不公平感が残る。

②　請求権を構成する要件事実、それに対する抗弁、その抗弁に対する再抗弁という形で判断が行われること。これを仮りに要件事実主義ということにするが、要件事実主義は、当事者が持っているさまざまな事実を―これが紛争解決の重要な鍵になることが多い―しばしば法的要件とは関係のないもの、すなわち事情として切り落としてしまう。

③　三段論法であること。訴訟は、小前提の事実を大前提の法規範にあてはめ、結論の判決を出すという構造になっている。したがって、この構造の筋書きどおりならよいが、形式と実質を同時に計量するとか、一方が名をとって一方が実をとるとか、そのような必然性があるときには機械が作動しない。

④　因果律に従うこと。原因―結果、原因―結果という流れに乗っていなければならないから、因果関係はないが紛争解決に役立つという事実が出てきても無視されて、せっかくのチャンスを逃すことがある。

⑤　近代私法の基本原則である自由意思の上に成り立っていること。したがって、自由意思を踏まえるだけで解決できる紛争には適しているが、紛争は潜在意識や説明しにくい感情から起こることも

あるので、潜在意識を原因とする紛争には正しい答えが出せない。

⑥　請求権という形になっていなければならないこと。請求権という形になっていなくても、紛争の様相を帯びることがあるが、訴訟はそのような紛争に対応できない。

訴訟の仕様書は以上のとおりであるが、訴訟の重いところは、この①から⑥まで全部に該当する紛争でなければ、うまく作動しないことである。譬えて言えば、訴訟は自動車ならば自動車だけをつくる機械である。したがって、即席ラーメンやら、ネクタイやら、机やら、電気やら、あるいは航空機やら、船やらは、つくることはできない。こういうものをつくろうとして、何でもかんでも訴訟の中に抛り込めば、変なものができる。訴訟の遅延の真の原因は、訴訟ができないことや訴訟が苦手とすることまでもやらせようとして、何でもかんでも原料を抛り込むからである。

これに対して、ＡＤＲはどのようなシステムになっているのであろうか。

①の一〇〇対ゼロの勝ち負け＝出口一つに対しては、例えば割合的な解決をしたり、多くの解決の出口を用意したり、第三者を連れてきて解決したりすることができる。前に述べた借地権者が借地権を金銭に換えるときの例は、多くの解決の出口を用意する場合のものである。

②の要件事実主義に対しては、さまざまな事情を考慮して解決することができる。一例を挙げれば、単に金銭を支払うだけでも、期限猶予型、分割払い型、一部減額型、一部完済後免除型、違約金型、連帯免除型、担保取消し型、自然債務型、早期履行増額型等と、事案の内容や当事者の資力などの事

情を考慮して、多様な解決をはかることができる。

③の三段論法に対しては、ＡＤＲでは三段論法にこだわらず、さまざまな試みがなされている。前に述べた最終提案仲裁の例では、最終提案を選択する場面で三段論法を使っておらず、一方の最終提案を選択しただけである。

④の因果律に対しては、因果律にこだわらずに、例えば共時性の原理を使って解決することができる。分析心理学の創始者ユングは、意味のある偶然の一致を重要視して、これを因果律によらぬ一種の規律と考え、非因果的な原則として、共時性の原理を考えた。そして、何と何が共時に起こり、それはどのような意味によって結合しているのかという観点から見ると、建設的な結果を得ることが多いという。紛争解決の分野でも、因果律では閉塞状態に陥るが、一見偶然に見える事象の意味を繋げることによって解決できることがしばしばある。

⑤の自由意思主義に対しては、潜在意識に配慮し、それを意識化することによって解決することができる。例えば、わきが臭いからという理由で離婚請求をした夫に対し、わきがが臭いと感じる真の原因は、母親ひとりに育てられた妻が男性の日常的な癖になじめないからではないかと考え、それを意識化することによって、わきがが臭くなくなった結果、離婚しないという方向で解決した例がある。

⑥の請求権主義に対しては、まだ請求権という形に整っていない場合や争いが事実問題のレベルにすぎない場合にも紛争の様相を帯びることがあるが、ＡＤＲならば、そのような場合にも対応できる。

例えば、等価交換の場合には、一方が他方に等価交換せよという請求権はない。しかし、関係者が集まって協議し、等価交換をなしとげることは世上よくあることである。ＡＤＲが充実することによって、そのような場合に十分に対応することができるようになるであろう。

以上のとおり、ＡＤＲのソフトは極めて多様性に富んでいる。ほとんど無尽蔵だと言ってよいほどである。もちろん、必要があれば、訴訟で使われている論理システムを一部使うこともある。そして特徴的なことは、訴訟は①〜⑥までが全部揃っていなければならないが、ＡＤＲの場合は、どれか一つの傑出したソフトがあれば、ほとんど他を使わなくてもよいことがある。

以上が、訴訟とＡＤＲの仕様上の相違点であるが、ここが大切なポイントである。すなわち、ＡＤＲの仕様上のソフトを使って解決したいというニーズがあり、社会の複雑化に伴ってますますそのニーズは増大するから、まさにＡＤＲが必要になるのである。

六　訴訟とＡＤＲの性格上の相違点

では、訴訟とＡＤＲは、どのような性格上の相違があるだろうか。

このことも、ＡＤＲの必要性を考察するためのポイントであるから、以下に整理しておきたい。

①　訴訟は、証拠法則や弁論手続などの手続が厳格で重装備である。これに対して、ＡＤＲの手続は柔軟である。そのために、訴訟はがっちりしていて頼もしく見えるが、ＡＤＲはその反対で、定型

化しにくい。

②　訴訟は憲法上の要請で公開が原則である。これに対して、ＡＤＲは非公開が原則である。したがって、ＡＤＲではプライバシーや企業秘密を守ることができる。このことは、ＡＤＲのひとつのセールスポイントになっている。しかし一方では、公開しないから公正でないという批判の対象になる。したがって、ＡＤＲの制度設計や運営をするときには、公正性を担保する仕組みを折り込んでおく必要がある。

③　ここで、裁判官の心証形成を問題にしなければならない。訴訟では、当事者双方の権利の重さが五一対四九に近いような微妙な事案でも、一〇〇対ゼロの勝ち負けを決めなければならないために心証が歪むことがあるが、これに対し、ＡＤＲでは当事者双方の権利の重さに即した多様な解決ができるので、心証を歪める必要はない。

④　訴訟では裁判官がポーカーフェイスを通し、審理の途中で心証を明らかにしないのが原則であるが、そのために結果を予測することは難しい。これに対し、ＡＤＲでは途中で心証を開示し、その心証を軸にして解決をはかることが可能なので、予測可能性が高い。ＡＤＲは当事者の意思と責任で解決するのが基本であるから、当事者は将来の結果を予測しながら手続を進めてゆく。したがって、ＡＤＲでは予測可能性が高いことは当然であって、この性格上の特徴は、ＡＤＲの利点としてもクローズアップさせなければならないことである。

⑤　訴訟は、過去の一回的事実の存否を確定して法を適用するのが仕事であるから、過去志向である。しかしＡＤＲは、当事者がこれからどうするかが主要なテーマであるから、当然将来志向になる。したがって、過去の事実は将来どうするかという必要の限度で関心が持たれるに過ぎない。すなわち、過去の事実の正邪を判断する紛争には訴訟が適しているが、過去は過去として将来の生活設計、企業計画にウエイトが置かれているときにはＡＤＲが適している。

紛争には多様性があるから、システムの性格上の特徴が利点として機能するか否かは、その紛争の態様、当事者の意向、利用の方法等によって異なるものである。しかし、さまざまな紛争解決システムのメニューを揃えておき、紛争に直面した当事者がその紛争にフィットするシステムを選択することができるようにするのが理想である。ＡＤＲには、ここで述べたような特徴や利点があるのだから、ＡＤＲのシステムを利用したい人々や企業が存在することは当然である。例えば、工業所有権をめぐる紛争は秘密を保護してほしいという要請があり、その要請にこたえることを柱のひとつとして、工業所有権仲裁センターが設立された。このように、ＡＤＲの特徴や利点を踏まえたニーズが、ＡＤＲの必要性を促すのである。

ところで、ＡＤＲの「利点」は、簡易、迅速、低廉であると言われ、このことが、巷間では強調されている。これは、訴訟を念頭において語られる利点であるが、子細に検討すれば、簡易にせよ、迅速にせよ、低廉にせよ、それぞれ訴訟と差別化する意味が異なっており、また、必ずしもその文言どおりにならない場面も出てくる。

例えば、「簡易」にしてみても、ＡＤＲは手続が柔軟であるから、証拠法則や弁論手続の厳格な訴訟と比較すると一般には簡易といえるが、仲裁手続において、仲裁人の選定のために厳格な手続を持っているところがあり、訴訟とは別の場面でかえって厳格、複雑な場合がある。このように、簡易、迅速、低廉という利点をＡＤＲが獲得するか否かは、そのＡＤＲの制度設計と運営の如何に関わっているのである。

たしかに「訴訟には時間と金が掛り過ぎるからＡＤＲを推進しよう」という論法には説得力があり、そのような側面が大切であることは否定できないが、それでは現象を追うだけのことになってしまいかねない。ＡＤＲには、もっと本質的な利点と可能性があるので、現象面にとらわれるよりも、本質面を認識することが肝要である。そして、本質面を認識することによってはじめて、ＡＤＲの真の必要性を知ることができるのである。すなわち、「簡易」「迅速」「低廉」を言うのであれば、そのような目標に向かってＡＤＲの制度設計と運営をすることによってはじめてそれが達成できるのだと、順序を逆にするのが正しい筋道である。

七　調停技法の発達

ＡＤＲの必要性を考察するにあたり、最近の調停技法の発達にも言及しなければならない。社会、経済が複雑になり、人々の権利意識が高くなって、権利関係が錯綜してくると、民事調停法第一条にいう「互譲」だけでは、紛争は解決できなくなった。まして「妥協」を迫るだけでは、当事者が満足しなくなったことは当然である。人々や企業の「適切で納得のできる紛争解決をしてほしい」というニーズにこたえるためには、それ相応の技法が発達することが必要なのである。すなわち、ＡＤＲの充実、発展と技法―とりわけ調停技法―の進歩とは切り離すことができないのである。逆にいえば、調停技法が進歩しないでＡＤＲが充実、発展することは、あり得ないのである。

調停技法の発達、進歩に関しては、近時めざましいものがある。そのいくつかを、ここで概観しておきたい。

最近アメリカの調停実務のうえでは、調停の技法を、evaluative（評価力のある）、facilitative（助成力のある）、transformative（変容力のある）の三つに整理し、評価的な調停から助力的な調停あるいは変容的な調停を重視する方向を示してきた。

すなわち、従来のわが国の調停は、調停人が当事者の主張や行為を評価し、そのイニシアチブのもとで調停案を示すなどの「説得」をし、「和解」にこぎつけていた。これがevaluativeな調停といわれるものである。

この技法は、効率性は高いが、当事者の真の納得に到達できないことがある。その反省のもとで発達してきたのが後二者の技法である。すなわち後二者は、調停人が指示したり、評価したり、説得することをせずに、調停を当事者が言いたいことを言う場にして、当事者がみずから解決をする方向を目指す手法である。

facilitative な調停は、当事者双方がみずからの意思によって解決に達することを助力する技法であり、transformative な調停は、当事者が自己の能力を高め(empowerment)、相手方に対する認識を深める(recognition)ことによって変容することを理想としている。

もとより、事案によっては未だ評価的な調停が必要なこともあるだろう。しかし、助力的な調停、変容的な調停が意識され、現実に実践されることによって、調停のキャパシティは格段に大きくなったといってよいだろう。

また、同席調停を促進すべきだという意見も盛んになってきた。

従来わが国では、交互方式あるいは個別方式(コーカス)といって、調停人は当事者の片方ずつから交互に事情を聞き、調停をすすめることが普通であった。しかし、交互方式では当事者は相手方が何を調停人に話したかが分からず、調停人が偏った情報で心証を形成する危険性がある。また、交互方式では、ときには当事者が調停人を説得しなければならなくなったり、ときには調停人が当事者を無理矢理説得したりするので、問題がある。さらに、当事者が対話をすることによって相互理解と解決促進をするのが真の合意に到達する道であるから、当事者双方の同席のもとで調停をすすめるべきである、というのが同席方式あるいは対席方式論の主張である。

これに対して、交互方式あるいは個別方式論は、調停人が親身になって個別に当事者の主張や事情を聞く方が望ましく、それによって当事者から本音を聞くことができて、それが解決を促進する、と言う。また、同席方式では、当事者の力関係に左右されるばかりか、無口な人や対話の上手でない人が不利になって、かえって不公平になる、と主張する。

欧米では、公正性、中立性を重視して、同席方式へのこだわりが強い。しかし、わが国では、効率性を重視して、交互方式を支持する人も多い。

ところが、最近では、欧米が交互方式を一部採り入れ、わが国でも同席方式にウイングを伸ばし、いずれも調停技法の能力を高めている傾向を見ることができる。すなわち、ケース・バイ・ケースで、双方の利点を使って解決する志向が高まってきたのである。

もうひとつ、これは私が提唱していることであるが、当事者の主張を徹底的に聞いたうえで、言葉で構成されている事実関係や紛争解決規範をいったん細分化（ミクロ化）することによって評価的な部分を削ぎ落とし（中性化し）、その細分化された言葉を再構成して、当事者の合意を引き出すという技法がある。この技法を調停で使用すれば、調停のキャパシティはいっそう増大すると思われる。

これらの調停技法は、一見相違があるように見えるが、その目標としているところは共通している。それは、当事者が調停を経験することによって何かに気づき、自己の変容を通して事後の生活や企業活動の役に立てる、ということである。

したがって、これらの調停技法の発達は、たんに技術上の問題にとどまっているのではない。また、調停の容量を大きくしているだけでもない。それは、そのことによって、調停の理想、いや調停だけでなく、紛争解決の理想の姿を視野に捉えることを可能にしたということである。

いったいそれは、どういうことなのか?

訴訟と比較してみよう。

訴訟は、原則として勝ち負けを決めるシステムである。すなわち、訴訟を通じて、半数の勝者と半数の敗者に分ける。したがって、半数の勝者はそれなりの満足をするだろうが、半数の傷ついた敗者をつくり、世に送り出す。

これに対して、調停は、当事者が紛争解決の過程で蘇り、その経験を獲得して社会に戻る。すべての調停がこのとおりになるわけではないが、目標は見えている。

極端に言えば、訴訟は公権力による介入と裁断型社会を構想し、調停は自己責任に基づく自律型社会を構想する。

八　仲裁の制度設計

調停と並ぶもうひとつの柱、仲裁について考察をすすめることにしよう。

前述のとおり、仲裁は、両当事者が仲裁人の判断に従うという合意をし、その合意に基づいて仲裁人が仲裁判断をすれば、両当事者はその仲裁判断に従わなければならない、そしてもし、当事者が従わなければ、執行判決をとって強制執行もできる、という制度である。

したがって仲裁は、形のうえでは訴訟に近い構造をしている。すなわち、両当事者は対立構造に立っていて、その真ん中に裁定者である仲裁人が存在する。この構造を重視すれば、仲裁制度は訴訟制度に非常に近いものになり、現に訴訟と類似性が極めて高い仲裁制度も存在する。

その場合に、訴訟とどこが違うかといえば、仲裁合意をすることと、当事者が仲裁人を選ぶことができることである。すなわち、この二点に私的自治を重んずるＡＤＲの特徴が生かされているということになる。

当事者が選ぶ仲裁人による裁定という特徴を主に生かして、制度設計されているＡＤＲも存在する。その多くの例は、国際商事関係の紛争を扱うＡＤＲ機関に見ることができる。なお、ＡＤＲ機関によっては、名簿に登載された仲裁人候補者の中から機関が仲裁人を選任すると定めているものがある。この場合には、当事者が仲裁人を選ぶというメリットはなくなるが、その分だけ手続が簡略になる。

また、何に準拠して仲裁を行うのかという議論があり、大別すると、①法によるべしというものと、②法だけでなく、善と衡平によることもできるというものと、③すべての紛争解決規範によることができる、という説がある。

仲裁の構造を訴訟に近似するものとし、準拠するものに①説を採ると、その仲裁システムは訴訟システムに近いものになる。

しかし、仲裁システムを訴訟の他に設けるメリットを伸長させるならば、その守備範囲を広げる工夫が必要になる。要は、仲裁で何をするか、何ができるかということは、その構想に沿った制度設計をすればよいということになる。

そこで、訴訟に近似した仲裁システムの枠を徐々に広げる方法で、この考察をすすめることにしよう。

まず、仲裁の入口の枠を広げてみよう。

例えば第三者の参加、管轄などを柔軟に設計するだけで、相当のことができるようになる。また、請求権という権利になっていないトラブルを扱うことにすれば、紛争の態様のうえでも枠が広がる。このふたつを抱き合わせにすると、例えば、広範囲の土地にまたがる再開発の問題について、土地所有者、借地人、借家人、担保権者、デベロッパー、金融機関、近隣関係者等を、一堂に集めて仲裁をすることが可能になる。

また、仲裁人の選定や人数を当事者が決めることにしておけば（このように設計されたものはすでに存在する）、当事者にとって利用しやすいものになる。

次に、仲裁の内容の枠を広げる。

仲裁の内容の枠を広げるときに重要なことは、将来志向型あるいは権利関係創設型に仲裁システムを設計することである。そのことによって、過去志向型の訴訟システムとは違う役割を果たすことができる。これに関連することは、例えば、割合的認定を可能にすること、当事者の事情を加味して履行方法を工夫すること等々、さまざまな方法を導入することができる。また、三段論法や因果律にとらわれない柔軟な発想で、将来の生活設計、企業活動を睨んで解決をすることも可能になる。

内容の枠を広げれば広げるほど、使用される規範の範囲も広げなければならない。そして、行き着くところは、すべての紛争解決規範ということになるのではないだろうか。

さらに、出口も広げよう。

ここでは、前述の借地人が借地権を金銭に換えたいときに、多様な出口を用意するという例が参考になるだろう。このようなことができるように仲裁システムを設計するのか、できないように設計するのかは、仲裁の必要性を論ずるうえで、大きな違いが出てくるのである。

そして、システムそのものの枠を広げるというテーマもある。

そのひとつは、調停との連繋である。調停と仲裁との連繋は、枠組みとしては前述のミーダブとして捉えることができるが、弁護士会仲裁センターの実践や、前述の最終提案仲裁のように、実務のうえではすでに当然のこととして実施されている。ここには、さまざまなものがあり、今後もバラエティに富んだものが開発されるであろう。

この問題は、ＡＤＲの制度設計のうえでの重要なポイントであり、ＵＮＣＩＴＲＡＬ国際商事仲裁模範法の改定作業で検討されるほどのテーマになってきた。これがどのように発展するかはこれからの問題であるが、全世界的にみて押し止どめられる方向にゆくことはないだろう。むしろ、人々や企業のニーズにこたえるためには、多様なシステムを揃える必要があり、それに合せて、適切、公正に制度を設計することが大切であると考える。

なお、調停と仲裁を連繋させたときに、担当した調停人が仲裁人を兼ねることができるかということも、世界的なテーマになっているので、付言しておきたい。

欧米では、公正性、中立性を重視して、調停人が仲裁人を兼ねることを禁ずることが常識になっている。例えば、アメリカ仲裁協会（ＡＡＡ）の規則では、調停人と仲裁人は兼ねることができず、仲裁人が仲裁をしているときに、同時平行で別の調停人が調停をすすめることがあるという。

しかし東洋、例えば中国やわが国では、従前からの調停人（あるいは仲裁人）との信頼を重視して、調停人と仲裁人は兼ねることができることを普通としている。例えば、中国の仲裁法は、調停人と仲裁人は当然兼ねることになっており、仲裁から調停に移行するときに交替する定めがない。

これは文化的な相違や調停と仲裁の構造の差異などによるものと考えられるが、一長一短があって、どちらが正しいといちがいに言えるものではない。紛争によって、あるいは審理の内容によって、もしくは調停人（仲裁人）の資質や能力によって、そして当事者の自由な意思によって、場合を異にするのであろうが、手続上の重要な問題であるから、制度設計をするときには決めておかなければならないことであろう。

興味あることは、この問題に関しても、東西の交錯があらわれてきたことである。すなわち、欧米系の香港の仲裁法等は、調停人と仲裁人は兼ねることができないことを原則とし、当事者の同意があるときに限って兼ねることができることになっている。一方、わが国の工業所有権仲裁センターの手続規則では、調停人は仲裁人を兼ねることを原則とし、当事者の要求があったときに交替すると定められている。

もうひとつ最後に、仲裁機関と裁判所との連繋について考察しておきたい。

仲裁制度が発達すると、仲裁にふさわしい事件は仲裁機関へ、訴訟にふさわしい事件は裁判所へと、相互に事件を移送することが考えられる。すでにそのようなことをシステム化している外国の例もある。またわが国でも、裁判所の勧めによって弁護士会仲裁センターに事件が申立てられるケースも出てきた。

さらに、仲裁システムのなかに、保全処分ができるようにすることもあり得るし、仲裁判断だけで強制執行をすることができるようにするシステムも考えられる。しかし、わが国でただちに実施できないのならば、保全処分や強制執行について仲裁機関が裁判所と連繋することを設計しておくことも、仲裁の枠を広げるものとして考えておきたい。

以上のように、仲裁は、制度設計の問題に大きな比重がかかっている。

今後ＡＤＲに対するニーズが増大することを思えば、制度設計の当初の着地点をどこに置くかはともかくとして、スケールの大きい視野を最初から持っておきたいと、私は考えている。

九　ＡＤＲを巡る内外の動向

ＡＤＲの必要性を考察するときに欠かせないものとして、ＡＤＲを巡る内外の動きを見ておかなければならない。このことに関しては数多くの文献があるので、ここでは極くおおまかに概観することにとどめたい。

第一に、わが国で現在、ＡＤＲの設立が具体的に準備されたり、設立が検討されているものがかなりある。

例えば、平成一〇年六月に公表された自由民主党司法制度特別調査会の最終報告において「裁判外境界紛争解決制度」の創設について検討を進めるべきであるとの提言がされたところから、法務省民事局から委託を受けた民事法務協会が、「裁判外境界紛争解決制度に関する研究会」を組織し、平成一二年中に協議を終え、近日中に裁判外境界紛争解決制度の創設のための立案を提出することになっている。私は、この研究会の一委員として協議に参加した。

第二に、海外の動向を代表するものとして、アメリカの例を見ておこう。

アメリカでは、一九九〇年に民事司法改革法が成立し、ＡＤＲの利用について各連邦裁判所に検討することを求めた。その求めに応じ、各州の連邦裁判所がさまざまな試みをした。そして、ＡＤＲ促進の下地ができた一九九八年、連邦裁判所法の一部改正という形で、ＡＤＲの利用検討を義務づける法律が発効した。

第三に、ＡＤＲのシステムに不可分の仲裁法の動向を見ておこう。

国際連合の常設委員会である国連国際商取引委員会（ＵＮＣＩＴＲＡＬ）は、一九八五年に国際商事仲裁模範法を採択した。このＵＮＣＩＴＲＡＬモデル法を、各国は全面的に採択したり（例、オーストラリア連邦）、参考にして改正したりして（例、アメリカ・フロリダ州）、仲裁法を立法した。すなわち、仲裁法に関しては、すでにグローバルスタンダードが成文化されているのである。

第四に、では、わが国の仲裁法はどのようになっているのであろうか。

わが国では、一九九七年（平成九年）の民事訴訟法の改正の際に仲裁法の改正は積み残され、現在のところ「公示催告手続及ビ仲裁手続ニ関スル法律」に定められている。所管の法務省民事局においては、改正仲裁法案の早期作成が俎上に乗っているが、倒産関連法案の一連の処理完了後に動き出すという。

極めて簡単にしか触れなかったが、以上がADRを巡る内外の動向である。このような動向からしても、また、近い将来に仲裁法が制定されることからしても、それを実施するADRの整備、充実が切実な課題であることは明白であろう。

一〇　ADRに対する批判とその対応策

これまでさまざまな角度からADRの必要性について考察をすすめてきたが、ADRに対しては傾聴すべき批判があり、またネックもあるので、以下にそれらの批判とネックを紹介し、併せてそれに対する対応策を検討する。

ADRに対する批判の第一は、ADRは、憲法に定められている「裁判を受ける権利」（憲法三二条）を奪うというものである。

この批判には、ADRに対する誤解がある。

すなわち、裁判所が国の機関として、今なお重要な役割を果たしていることは事実であり、私も、そのことを前提にして考察をすすめている。

憲法三二条にいう「裁判」とは、民事裁判に限定すれば、当事者間の紛争に法を適用して勝ち負けを決めることであり、その裁定には強制執行という物理的強制力が裏打ちされている。これに対し、

ＡＤＲは当事者の意思によって開始される。そして、当事者の合意を基本にした私的自治が原則である。

したがって、当事者がＡＤＲを選択したくなければ、裁判を受ければよいのであるから、ＡＤＲが裁判を受ける権利を奪うことは、本来あり得ない。要は、訴訟にふさわしい事件は裁判所へ、調停、仲裁にふさわしい事件はＡＤＲへという選択が、誤りなく行われればよいことである。

しかし、ＡＤＲを前置したり、仲裁合意を強要されたりして、事実上「裁判を受ける権利」が奪われることはあり得る。前者に対しては、ＡＤＲを設計するときに、一定の段階で（あるいは一定の要件のもとで）訴訟に移行することを折り込むことによって対応ができる。また、後者に対しては、強要されて締結した仲裁合意を無効にしたり、取消可能にする法制度を整備する必要がある（消費者契約に関連して、この点が配慮されている立法例がある）。

批判の第二は、調停人や仲裁人に法律や専門知識がなく、誤った判断をする危険が多いこと。

批判の第三は、逆に調停人や仲裁人が法律や専門知識ばかりをふりかざして、不適切、非常識な判断をすること。

批判の第四は、協調を重視するあまりに、当事者に無理な妥協を迫り、公平さや法律が軽視されること。

これらの批判は、調停人、仲裁人に人を得なければこのような危険に陥るということを示唆していると同時に、現実にこのような事実が発生しているという指摘でもある。

もし、ADRでこのような批判を受けることばかりをしていると、ADRは衰退するであろう。したがって、これらの批判を謙虚に受けとめ、それを乗り越えゆく対応策を備えることが必要である。その対応策は一言で明示することができる――それは、調停人、仲裁人に人を得ることである。

しかし、これは奥が深い。

まず、法律家であるが、わが国の法律学の体系は、権利義務を定めた実体法と訴訟のやり方を定めた手続法で組み立てられており、学生はもっぱらそれらの法律を解釈することを学び、裁判官や弁護士になった後は、それを使って訴訟をすることを主な仕事としている。したがって、当事者の合意に基づいて解決を見出してゆくというトレーニングは、まったくしていない。

調停人、仲裁人に人を得るためには、大学に実務経験者を教員として迎えて、そのためのカリキュラムを組むことが必要である。また、アメリカではハイスクールで学校内調停を実施することが試みられているが、教育機関において、早くから調停のよさを認識してもらえるような努力が必要であろう。

次に、専門家であるが、現在わが国の裁判所における調停委員（民事、家事）の専門職をみると、弁護士を除けば、不動産鑑定士、司法書士、税理士、医師・歯科医師、建築士、土地家屋調査士、公認会計士、行政書士となっている。ADRが充実するに従って、これらの専門職に負うところがますます多くなるであろう。また、この外に、弁理士、社会保険労務士、技術士、臨床心理士などが調停人、仲裁人として参画する必要があるであろう。

しかし、専門家としての能力と、調停人、仲裁人としての資質とは別のものである。

「人を得る」というとき、資質が大切なのか、資質が乏しくてもトレーニングで乗り越えられるのかということは、あらゆる場合に問題になるが、わが国の場合には、以上の専門職が調停人になるためのトレーニングを受けていないことは確かである。

また、専門職以外の人についてであるが、調停人、仲裁人は、法律家や専門職でなくても、その資格があるとすべきである。これはＡＤＲの制度設計の問題でもあるが、市民の中に調停人、仲裁人としてすぐれた資質を持っている人は存在するし、さまざまな人生経験、市民感覚を生かして調停、仲裁をすることは望ましいことである。

しかし、この場合でも、トレーニングを受けることは必要である。

以上のことから、第二～第四の批判に対しては、調停人、仲裁人に人を得ること、具体的には、初期の段階から調停、和解、仲裁のための教育過程を組むとともに、調停人養成、仲裁人養成のトレーニングについて、その手法を確立すること、継続訓練を可能にする機関を設けること、そして、調停人、仲裁人が調停、和解、仲裁の精神と技法を徹底的に身につけること——これが対応策に他ならない。

こうしてみると、わが国ではこれらのことが、ほとんど行われていないことに気がつく。それと同時に気がつくことは、わが国には、調停、仲裁だけで生計を立てている職業調停人、職業仲裁人が一人もいないことである。アメリカには、調停、仲裁だけで生計を立てている弁護士が多数おり、弁護士でない職業調停人、職業仲裁人も存在する。職業調停人、職業仲裁人が調停、仲裁だけで生計を立てるところまで行けば、第二〜第四の批判はかなりクリアできるであろう。なぜならば、このような批判を受けるのならば、職業として成り立たないであろうから。

一〇　ADRに対する批判とその対応策

社会が複雑になり、権利や利害が錯綜し、人々の自己主張が強くなると、本来ならば、紛争解決のニーズは、訴訟からADRへと移行するはずである。そして、その方が成熟社会、法化社会、規制緩和の時代にふさわしい。しかし、わが国では訴訟からADRへの移行が緩慢である。

それは何故なのか。

その理由はいろいろ考えられるが、ADRがまだ弱体であること、ADRの特徴や利点が人々や企業に知られていないこと、お上を尊重する国民性のために自分たちで紛争を解決することに馴れていないこと、などが挙げられる。

しかし、もっと具体的なネックがあるに相違ない。そこで、そのネックを考察し、それに対する対応策を考えておきたい。

ネックの第一は、訴訟に時間と費用がかかることを利用すれば、少々悪いことをしても「文句があるなら訴えてみよ」という態度をとることができることである。言われた方は諦めるか、時間と費用を負担して訴訟をするか、苦しい選択をしなければならない。言った方は負けてもともとであるが、まかり間違って裁判官が勝たせてくれたら儲けものである。また、訴訟はシステムがうまく作動しなかったり、裁判官がときどき判断を間違えることがあるので、万一の間違いをあてにして訴訟を起こすこともあり得る。

これが訴訟をめぐる力学の病理的な側面である。

もしＡＤＲが発達し、ＡＤＲにおいて紛争を解決する風潮が一般化したら、訴訟の病理的力学を利用したい勢力にとっては具合の悪いことだろう。また、ＡＤＲを人々や企業が盛んに利用するようになれば、その分裁判所の仕事が軽減し、訴訟は迅速で間違いの少ないものになるだろう。そうなれば、ますます病理的力学を利用したい勢力にとっては不都合である。

意識するか意識しないかにかかわらず、現在の訴訟が都合よく、このまま温存したいという勢力――これがＡＤＲの発達を阻害する大きなネックになっている。

これに対応するには、裁判所の負担を軽減させ、迅速で間違いのないシステムを構築することであるが、そのためにも、ＡＤＲを発達させ、充実するという元の地点に戻ることになる。

ネックの第二は、公正性、中立性に対する信頼である。

ＡＤＲのひとつの理想的なイメージとして、当事者が仲間うちで解決する姿が浮かんでくる。日本海運集会所の理念はそのようなものであるし、アメリカ仲裁協会（ＡＡＡ）の発足の動機もそのようなものであった。

ところがわが国では、国家の機関でなければ「公」でないと考える向きがある。すなわち、「公」の権威がなければ、公正性、中立性が確保できないと思い込んでいるのである。

この点については、調停人や仲裁人に公正性、中立性の意識を徹底させたり、資質の向上をはかったりして、息長く取り組まなければならないが、国民性や文明論もからんでくるので、難しい問題である。いずれにせよ、肝腎なことは、実績を積み重ねることによって、ＡＤＲの公正性、中立性に対する信頼を深めてゆくことである。

しかし、具体的な方策を立てることによって、このネックをクリアすることも必要である。例えば、職業調停人、職業仲裁人をつくることを挙げることができよう。とくに、知的所有権の分野では秘密の保持が不可欠な要素であるが、職業調停人、職業仲裁人ならば、万全に秘密保持をはかることができ、実質的にも形式的にも、公正性、中立性が確保できる。

ネックの第三は、弁護士の意識である。

弁護士がＡＤＲを利用するようになれば、ＡＤＲに対するニーズは格段に飛躍するはずであるが、弁護士は、ＡＤＲをあまり利用しない。わが国の多くの弁護士は、紛争があればまず訴訟、と思考がロック・イン（固定）されていて、ＡＤＲの方には目を向けない傾向がある。その理由はいろいろあるだろうが、訴訟をすることによって生計や事務所を維持するというやり方を長年続けてきたことが主要な原因であると思われる。すなわち、ＡＤＲが発達すると、人々や企業か訴訟をしなくなり、その結果、弁護士の職域が侵害されると考えているようである。したがって、日本弁護士連合会（以下、「日弁連」という）では、かつてはＡＤＲの設立に抵抗を示していたのである。

平成二年に、第二東京弁護士会が初めて弁護士会における仲裁センターを設立したときにも、そのような考えは根強く存在していたが、平成一〇年に日弁連が弁理士会と共催で工業所有権仲裁センターを設立したころから、かつての抵抗は影をひそめるようになった。

なお、弁護士法七二条は、弁護士でない者が法律事務を取り扱うことを禁止しているが、ＡＤＲに関しては、弁護士法七二条の制約を解放することが必要であると考える。

人々や企業のニーズがＡＤＲの方に向かっていることは明らかであるから、弁護士はＡＤＲの門戸を広げ、その発展とともに生きてゆく方に意識を切り替えるべきではないだろうか。その方が紛争解決のキャパシティが全体として拡大し、職域も広がるのではないだろうか。なお、私と同様の考えを持つ弁護士が徐々にふえてきたことも付言しておかなければならないであろう。

以上、ＡＤＲの必要性についてさまざまな角度から考察するとともに、ＡＤＲに対する批判とその対応策についても検討を加えた。これでＡＤＲの必要性に関する問題については、ほぼ網羅したと思われる。そこで、いったん基本的な問題に立ち戻って、さらに考察を進めることにしたい。

第三章　裁判外紛争解決（ＡＤＲ）の基本的理念と歴史的意義

一　ＡＤＲの基本的理念

ＡＤＲの基本的理念を考察するにあたって、最初に発せられるべき問は「ＡＤＲは司法の範疇に入るか否か」というものでなければならない。

ところがわが国では、裁判所における調停が盛んに行われている。そのために、わが国におけるＡＤＲの代表として、簡易裁判所と家庭裁判所における調停を筆頭にあげる学者も少なくない。また、訴訟上の和解によって終結する事件も多い。前に述べたとおり、地裁通常訴訟既済事件のうちでは、欠席判決を除けば、判決で終結する事件よりも、訴訟上の和解で終結する事件の方が若干上回っているのである。このように、訴訟とＡＤＲが合体している現状をみると、司法制度改革を論ずるときに、同時にＡＤＲが視野に入ってくることはあまりにも当然のことであるから、ＡＤＲが本来司法の範疇に入るか否かなどということは、問題意識の中に入ってこないのかもしれない。

しかし、この傾向は、ひとりわが国に限ったものではない。典型的なものとしてアメリカの例をあげると、一九九〇年に民事司法改革法が成立して、各連邦裁判所にＡＤＲの利用の検討が求められ、

ＡＤＲ促進の下地ができた一九九八年に、連邦裁判所法の一部改正という形でＡＤＲの利用検討を義務づける法律が発効した。訴訟とＡＤＲの合体という地点からスタートしたか否かという点では相違があるが、ＡＤＲが訴訟と関連づけられて、その利用が司法制度改革の一角をなすものとして位置づけられることは、現今の一般的傾向であると言えるであろう。

このことは、ＡＤＲの本来の姿を、「司法」の中に埋没させてしまうという結果をもたらしている。そのために、ＡＤＲの基本的理念を見失わせ、ＡＤＲと言えば、訴訟と比較して迅速、低廉だと強調する便宜論、功利論や効率性を重視する技術論にとどまらせているのである。

したがって、私がこの「ＡＤＲは司法の範疇に入るか否か」という問を発すると、学者も実務家も、例外なく一瞬沈黙するのは、やむを得ないことなのかもしれない。すなわち、ＡＤＲが司法の範疇に入るか否かを曖昧にしたまま、研究が行われ、実務が行われていたのである。もう少し、大きな視野に立って言うことを許されるならば、「ＡＤＲとは何か」という本質が、未だかつて、ほとんど問われたためしがないのである。

これはすなわち、ＡＤＲの基本的理念をしっかり掌握しないで、研究や実務が行われていたことを示すものであって、これではＡＤＲはいつまでも発展しない。なぜならば、基本的理念のよさを深く理解してはじめて、その基本的理念に沿ってＡＤＲを発展させようというエネルギーが湧き、またそのエネルギーを集約させることができるからである。したがって、基本的理念の理解が浅いときには、仮にある程度ＡＤＲが普及しても、早晩限界が見えてくる。そればかりか、ＡＤＲに対する必要性が確実にあるにもかかわらず、ＡＤＲがそのニーズにこたえることができないで、社会における全体の紛争解決システムがいつまでも機能しないまま放置されることになってしまうのである。

すなわち、紛争解決システムの改革は、ＡＤＲの基本的理念の理解からスタートするのだと、まず銘記しなければならないのである。

では、ＡＤＲは、司法の範疇に入るのか？

答えは、「否」である。

ＡＤＲの基本的理念は、当事者の意思と責任で紛争を解決する私的自治である。

そして、もともと私的自治の原則は近代私法の柱であるから、民事の紛争、すなわち私人間の争いは、本来は国家権力の介入なしで解決すべきものである。国家権力の介入なしで解決すべきというのが極端な言い方だとしても、少なくとも、国家権力なしで解決する方が望ましい。

言うまでもないことであるが、ここで「私人」というのは、個人だけでなく、企業その他の団体も含まれる。すなわち、法的主体性を持った個人及び法人その他の団体である。法的主体性を持っているのであるから、ここでいう紛争当事者は、自己の意思と責任で紛争を解決するというレベルでは対等であることが前提である。

この法的主体性を持った個人及び法人その他の団体を、「法的主体」というならば、私的自治のもとでは、この法的主体たちは、通常の社会生活、経済活動の中では、自己の意思と責任で各自がものを所有し、他者と契約をして暮らしている。しかし、法的主体自体が脅かされたり、私的所有が侵害されたり、契約が破られたりすると、ここに紛争が発生する。その紛争に対して、相対交渉によって解決したり、第三者の調停によって和解したり、第三者を選んで仲裁判断を引き出したりすることによって、もとの状態に回復することは、私的自治の分野に属することであって、ここまでのところは、国家権力の力を仰ぐ必要はない。このようにＡＤＲは、法的主体の私的自治の分野をサポートする紛争解決システムであるから、本来司法とは関係のないものである。

ではいったい、司法とは何であろうか。

司法の決定的なメルクマールは、国家が私人間の紛争に介入して勝ち負けの判断を下し、最終的には物理的強制力を発動するところにある。なぜ私人間の争いに国家が介入することになったのかといえば、言うまでもなく、法の違反者に対してサンクションを与えて、法秩序を回復することが国家として必要なことだからである。すなわち司法は、立法、行政とならぶ国家の統治権の柱だということである。

司法（この場合に民事訴訟）について以上のことを強調すると、当然反論が予想される。そのひとつは、訴訟についても、紛争解決のサービスシステムであるという考え方が浸透してきたという反論である。たしかにそういう側面はあるが、その多くは、訴訟上の和解を抱き合わせにして論じたものであると思われる。あるいは、そのサービスは審理の促進や文書提出命令等の手続に関して論ずるものであって、民事訴訟の本質に関するものではない。

また、弁論主義の原則から、当事者が主張しないことについて裁判所は判断しないのであるから、民事訴訟においても私的自治は実現されているという反論も予想される。しかし、部分的には当事者の意思による処分を可能とすることが折り込まれていても、結論において国家が勝ち負けの判断を下し、最終的には物理的強制力が発動されるのであるから、このシステムを私的自治とは言わないであろう。

これらの反論はともかくとして、ものごとの基本から考察を進めるときには、その「理念型」を念頭に置く方が道筋をつけやすい。そこでまず、「理念型ＡＤＲ」を想定しておきたい。

すなわち、ＡＤＲの基本的理念は私的自治であり、国家の統治権の発動を促すまでもなく、自分たちの紛争は自分たちで解決するというところに基礎を置いているのであるから、この基本的理念に基づいて想定される「理念型ＡＤＲ」は、原則として国家の統治権の発動を促さない、すなわち「司法」を宛てにしないものである。したがって、「理念型民事訴訟」とは、遠いところに位置をとることになる。

ところが、前に述べたとおり、わが国のＡＤＲは、「司法」の中に大きく取り込まれている。したがって、「理念型ＡＤＲ」と「理念型民事訴訟」の概念を梃子にして、すなわち、基本的理念の相違に着目することによって、ＡＤＲを司法から切り離し、ＡＤＲを本来の位置に移動させることが、課題とされなければならない。これこそが、本書の目的であり、同時に、紛争解決システム全体の改革においてなすべき仕事である。

訴訟とＡＤＲについては、車の両輪であるという両輪論が唱えられ、司法制度改革審議会の中間報告にも「ＡＤＲが、国民にとって裁判と並ぶ魅力的な選択肢となるよう」と書かれている。私も賛成であるが、それは司法の両輪ではなく、あくまでも紛争解決の両輪でなければならない。

二　ＡＤＲの歴史的意義

次に、ＡＤＲの歴史的意義について考察しよう。

ＡＤＲの歴史的意義については、いろいろの方向からアプローチをすることが可能である。

第一に、法の支配の関係から、ＡＤＲの歴史的意義を考察すると、どのようなものが見えてくるだろうか。

法の支配は、近代以降の社会の基本原理であるが、これは武力の支配に対置される概念である。では、武力の支配から法の支配へと移行したときに、紛争解決の局面では、どこが変わったのであろうか。

それは、武力で勝ち負けを決めることが、法で勝ち負けを決めるというふうに変わったのである。

すなわち、「武力」は「法」に変わったが、「勝ち負け」は残った。これが、紛争解決の観点から見た法の支配の意味である。

しかし、訴訟は半数の勝者と半数の敗者をつくる。勝者は法を自分のものにすることができるが、敗者は自分のものにできないばかりか、ときには法に敵対的になる。

これに対しＡＤＲは、「勝ち負け」の部分を変えるシステムである。

すなわち、ＡＤＲには勝者も敗者も存在せず、みずからの納得のもとに解決するのであるから、すべての当事者が法を自分のものにすることが可能である。この方がはるかに「法」は浸透し、法の支配は、よりいっそう貫徹するようになる。

やや大袈裟になるが、ＡＤＲの発展には、このような歴史的転換の可能性を秘めているのである。

第二に、規制緩和という現今の課題からアプローチしたら、どうなるのであろうか。

規制緩和が志向するところは、競争原理を導入することによって経済を活性化しようということである。ここで「競争」ということは、あくまでも透明で公正なルールによって競い合うことを前提にしている。しかし、競争によって、弱者を切り捨てることを当然のこととしているわけではない。規制緩和の施策を遂行するための手当として、消費者契約法の立法が策定されたり、法律扶助制度の拡充が実施されることなどは、そのことを示している。

これらは、規制緩和に対する立法的、行政的措置にも関連するものであるが、では司法制度改革そのものについては、規制緩和の施策を遂行するための手当として、どのようなことをしなければならないのであろうか。

ひとつは、人々や企業の権利が侵害されたときに、迅速にその権利を回復し、保護することである。このことが果たされなければ、透明で公正なルールによって競い合うという前提が崩れることになる。そのために、法曹人口を増やすことなどが検討されている。

もうひとつは、当事者の合意に基づいて、紛争を適切に解決し、紛争解決の場面で協調的な道筋を展望することである。競争原理は、主として紛争解決以外の経済活動の分野で働く原理であって、紛争解決の場面では「競争」よりも「協調」が望まれることが多く、その方がロスが少ない。

前者は訴訟システムの得意とする領域で、後者はＡＤＲシステムの得意とする領域である。したがって、ＡＤＲの発展、充実は、社会的にみれば、規制緩和の時代にふさわしく、紛争解決システム全体をシフトする意義を持つのである。

このことに関連して、もうひとつ重要な問題を指摘しておきたい。

それは、わが国における司法制度改革の論議を聞いていると、「大きい司法」を当然のこととして論じられているが、果たしてそれでよいのかということである。すなわち、行政による事前規制の緩和・撤廃の代わりに司法機能を充実させる必要があるので司法容量を拡大すべきであるという論理が蔓延し、そのことについてはほとんど異論を見ない。私も、現実問題として、当面はそれでよいと思うが、いつまでも「大きい司法」というわけにはゆかないであろう。現実に、すでに「大きい司法」に苦しんでいる欧米では、司法制度改革といえば、「小さい司法」を目指すことになっているのである。すなわち、いつまでも「大きい司法」では持たないことは、欧米の歴史が証明しているのである。それに、そもそも「大きい」ということは、規制緩和と矛盾することではないか。したがって、いずれは「小さい司法」にすることを、目標の中に入れて置かなければならないのである。これはあたかも「大きい司法」という大合唱に水をさすような意見であるが、極めて重要な問題であるから、とくに強調しておきたい。

このことを前提にすれば、ＡＤＲの歴史的意義はいっそう明確に見えてくる。すなわち、ＡＤＲの基本的理念は私的自治にあるから、本来司法を宛てにしていない。したがって、それ自体司法を小さくする働きを持っているのである。しかし現実的には、当面は、ＡＤＲの拡充・活性化をはかるための社会的コストは増大するだろう。だが、長い目で見れば、ＡＤＲを利用した当事者は、やがては紛争解決規範と紛争解決方法を自分のものにして、自分の紛争は自分で解決する能力を獲得するはずである。もとより、それが可能になるようにＡＤＲを設計することが前提になるが、そのときにこそ、「小さい司法」に到達して、私的自治は徹底することになる。

第三に、最近志向されている循環型社会という観点からアプローチしてみよう。

今や、社会も経済も、紛争のために多くのコストを費消することはできなくなってきた。これは、小は身近な近隣間の紛争から、大は国家間の戦争に至るまで、世界中の課題であると言っても過言ではないだろう。

しかし、人々が生活し、企業が活動をする以上、紛争が発生することを避けて通ることはできない。したがって、その紛争を可能な限りコストをかけないで解決するシステムを持つことは、切実な願望になってきたのである。

もし、ひとつひとつの紛争にいちいち国家権力を発動し、強制執行をしなければならないとすれば、そこに費やすコストは、莫大なものになるであろう。民事の紛争はもともとは国家権力に関係のない私人間の争いであるから、その解決は当事者の私的自治に委ねる方が、社会全体からみれば、はるかにコストがかからない。その私的自治を促進するシステムこそがＡＤＲに他ならない。

現代人は、規範の崩壊現象を目のあたりにしながら、複雑な社会、経済の中で、多様な価値観を持って生活している。このことについて別の見方をすれば、自我が確立し、個として尊重されなければならなくなったということである。したがって、現代人はようやく法的主体らしくなったということができよう。近代がはじまって早々に唱えられた「私的自治」が、地球上の資源が枯渇し、他国を征服できなくなり、人権の尊重が切実になった今日に至ってはじめて、現代的装いを新たにして、ここで蘇ってきたのである。その私的自治を支える重要な基礎としてＡＤＲが存在するのである。

人々や企業――私の言う法的主体は、紛争に直面して、ＡＤＲを利用したとする。私的自治の重要性を理解し、そのよさを享受している彼は、紛争解決規範を自己のものとして内在化しているであろう。当然、彼の相手方も、調停人も、そのような人格である。それでも紛争は起こり、調停を必要とする。彼は、調停の席で十分に主張し、相手方の主張を聞く。そして、相互に相手の権利を理解し、適切な紛争解決規範を使って、納得のうえで和解する。このプロセスを通じて、彼は、相手方を認め（recognize）、自己の力をつけて（empower）、社会に戻ってくる。ここには、勝者も敗者もおらず、合意に基づいて解決したのであるから、双方の継続的関係は維持される。

訴訟は、法の違反者にサンクションを与えるための有権力の行使で、その目指すところは、法秩序の回復であり、正義の実現であるから、結果的に当事者甲と当事者乙との関係が遮断されてもやむを得ないとされているが、ＡＤＲの目は将来に向けられているから、重視されるのは、当事者甲と当事者乙の関係の改善である。

このことを社会全体の視野で見てみよう。ＡＤＲは、その社会の構成員が紛争に陥ったとしても、紛争解決のプロセスを通じて蘇った構成員として復活させ、そうした健全な構成員によって社会を組み立てることを目指す仕組みに他ならない。したがってＡＤＲは、循環型社会を志向しているのである。見方を換えれば、すぐれたＡＤＲの仕組みは、それ自体が社会資源になり得るのである。このことは、地球上の資源が枯渇し、持続可能性の高い循環型社会が志向されることと見合っている。

やや比喩的な表現になるが、ＡＤＲは循環型社会の紛争解決版なのであって、ここにＡＤＲの極めて重要な歴史的意義が存在するのである。

二　ＡＤＲの歴史的意義

第四章　わが国における紛争解決システムの問題点

一　司法制度改革におけるＡＤＲの位置づけ

前章において、ＡＤＲの基本的理念と歴史的意義について考察したが、この基本的理念と歴史的意義を視野に入れると、現実のわが国の紛争解決システムには、どのような問題が見えてくるのであろうか。紛争解決システム全般を改革する前提として、本章では、わが国における紛争解決システムのさまざまな問題点を摘出したいと考えるが、その前に、司法制度改革で行われている論議と私の紛争解決システム全般の改革案との相違点を簡潔に説明しておきたい。

その相違点をひと言で言えば、司法制度改革を、訴訟制度改革あるいは訴訟制度改革をめぐる法曹制度改革に絞るか、それとも紛争解決システム全般の改革にまで範囲を広めるかである。

前者ならば、訴訟システムという機械装置のオペレーターの改変が主題になり、後者ならば、新しいＡＤＲの抜本的改革を含め、紛争解決システムの広範な制度設計が必要である。

ここで注意を要することは、ＡＤＲが本来「司法」の範疇に入らないのであれば、ＡＤＲの改革や制度設計は、司法制度改革の対象にはならないのではないかということである。しかし、現実のわが国のＡＤＲは、その大部分を裁判所で行っている。したがって、ＡＤＲの改革や制度設計を行うときには、当然裁判所におけるＡＤＲを対象にしなければならない。第一章四でみたとおり、わが国の裁判所はＡＤＲを覆いつくしているのであるから、裁判所におけるＡＤＲを改革の対象にする限り、それは司法制度改革を当然伴なうものである。

しかし、司法制度改革審議会の中間報告では、裁判所における調停や訴訟上の和解については、国民の司法参加の拡充という観点から、「委員選任方法を含め、調停委員、司法委員及び参与員に、年齢、職業、知識、経験等において、多様な人材を確保するための方策などを検討すべきである」とあるのみで、その他は全く言及されていない。

ここで、第一章四の数字を見てみよう。統計上の数のうえでは、民事調停、家事調停の合計は、民事訴訟、家事審判の半数以下になっているが、民事調停、家事調停が整わずに民事訴訟、家事審判に移行する事案もあるので、その数をどちらに入れるかによって比較の仕方が変わってくるだろう。そのような要素を加味すると、裁判所におけるＡＤＲのボリュームは、それ以外のものにかなり近いと言ってよいであろう。このことは、地裁通常訴訟既済事件の数値の比較からも裏づけられる。欠席判決を除く地裁通常訴訟既済事件の数値は、当事者が相争う事件が端的に数字に現われる部分であるが、ここでは、訴訟上の和解で終結する事件数が判決で終結する事件数を若干上回っている。

この二つの司法統計上の数字を併せると、裁判所におけるＡＤＲは、裁判所におけるそれ以外の仕事にほぼ拮抗する、あるいはかなり近いボリュームになっていると言えるであろう。

ところが不思議なことに、司法制度改革の議論の中では、裁判所におけるＡＤＲ、すなわち、民事調停、家事調停がほとんど対象になっていない。中間報告に触れられていないばかりか、司法制度改革を論ずる論者で、その重要性を指摘する人はあまりいない。私には、司法制度改革をめぐる論議は、その半分が抜け落ちているように見える。

不思議なことは他にもある。それは、ＡＤＲの拡充・活性化を論ずるときにも、裁判所におけるＡＤＲは対象から除外されていることである。すなわち、司法制度改革論者、ＡＤＲ拡充論者の双方とも、裁判所における民事調停、家事調停を視野に入れる人はほとんどいないのである。

しかし、四二万件を越える裁判所におけるＡＤＲを放置して、六五〇〇件の裁判所以外のＡＤＲだけを論じても改革には通じないのであって、一・五％をあれこれ論ずるのが意味がないとは言わないが、一〇〇％全部を対象にしなければ、真の改革は達成できないはずである。

ところが現実には、司法制度改革論の側からも、ＡＤＲ拡充論の側からも、裁判所におけるＡＤＲ、すなわち、民事調停、家事調停は、あたかも聖域のように避けられていた。しかし私は、人々が避けているところにこそ、立ち入らなければならないと思う。なぜならば、言うまでもなく、それが紛争解決システム全般の改革に関わることだからであるが、感覚的には、そういうところにこそ宝物があると思うからである。

以上は、いわば司法制度改革の対象に関することであるが、内容についての相違点はどのようなところにあらわれるのであろうか。

前に述べたとおり、司法制度改革を訴訟制度改革あるいは訴訟制度改革をめぐる法曹養成改革に絞る場合には、訴訟システムという機械装置のオペレーターの改変が主題になるから、その内容は、法曹一元、参審、陪審、専門家の参加、法曹養成が主なものになる。これらは、ハード、ソフトの区別でいえば、ほとんどハードに属するものである。このうち法曹養成の中の法科大学院（ロースクール）構想は、そのカリキュラムの内容についてはソフトに属するが、最初に決めなければならないことは、設置場所、設置主体、定員、修業年数、教員数、教員の調達方法などであるから、当面の課題はハードに属する。

一方、紛争解決システム全般の改革まで範囲を広めてＡＤＲの改革から着手すると、第二章でみたように、社会環境の変化に伴ってどのような論理システムを使用するか、どのような紛争解決規範を使うかなどということが内容になるから、ソフトに属することが主な課題になる。

ハードの改革も大切であるが、ソフトがなければコンピュータは動かない。すなわち、ハードをいくら立派なものにしても、ソフトがなければどうにもならないのである。そのような視点から見ても、ソフトの改革を主眼とする紛争解決システムの広範な制度設計が必要だと思うが、いかがなものであろうか。

さらに、司法制度改革審議会の中間報告に「国民の司法参加―国民的基盤の確立―」という大項目があることに関連して、国民参加という視点から、司法制度改革におけるＡＤＲの位置づけを考察しておきたい。

ここでも私が不思議に思うことは、民事訴訟に限定してのことであるが、日本弁護士連合会がなぜ、ＡＤＲ改革よりも先に法曹一元を主張するのかということである。またなぜ、ＡＤＲへの参加を呼びかける前に、訴訟システムへの国民の参加、すなわち参審、陪審、専門家の参加を声高に主張するのかである。私的自治の原則からいえば、民事の紛争は私人が自分たちで解決するのが本筋であるから、まず先にすべきことは、自分の力で紛争解決システムをつくり、ＡＤＲを充実させ、そこに人々の参加を呼びかけることではないだろうか。

私には、「民」を充実するより先に「官」に入ることを志向する気持ちがどうしても理解できない。もとより「官」を「民」に近づけるという意図は分かるが、肝腎の弁護士がほんとうに「民」側に所属しているのであろうか。一般の人々からは、弁護士はむしろ「官」側の人間であると思われているのではないだろうか。そうだとすれば、法曹一元は、「官」を「民」に近づけるのではなくて、弁護士がいっそう「官」に近づくことになる。そして、さらに大切なことは、いざというときに「民」の側に立つ弁護士が、極めて限定されてしまうことである。

ここで、若干過激なことを言うことを許していただきたい。私は、弁護士はまず、裁判外の紛争解決システムを充実させるために最善を尽くすべきであると思う。私的自治に基づく紛争解決ができない弁護士が、「官」である司法機関に入っても、「官」以上の官僚になるか、「官」に取り込まれるか、「官」から疎外されるかのいずれかであろう。法曹一元は、裁判外紛争解決システムが充実し、そこで一定の役割を果たし、それから後の話である。断っておくが、私は法曹一元の理念に反対しているのではない。それに取り組む弁護士の姿勢を問題にしているのである。

なお、法曹一元、参審、陪審、専門家の参加については、ＡＤＲならば直ちに実行が可能である。因みに弁護士会の仲裁センターでは、多くの元裁判官が仲裁人候補者になっている。この場合は、裁判官から仲裁人になるのでコースは逆になるが、ここではすでに法曹一元は実現されている。

また、専門家を仲裁人候補者に迎えているＡＤＲはわが国にもたくさんあるので、参審と専門家の参加も実現されている。それをいかに充実させるかが、ＡＤＲの制度設計のうえでの課題であるが、その点については、現状でもいろいろ検討されている。

さらに、陪審については、アメリカのサマリー・ジュリー・トライアルを参考にして、陪審員が参加する仲裁などを設計することは可能であろう。これはこれからの課題であるが、ＡＤＲで多様性のある手続を用意することは、むしろ豊かな試みになると思う。

ここで、訴訟の迅速性について一言すれば、ＡＤＲを含めた広範な制度設計をする場合と、そうでない場合とでは大きな違いが出てくるであろう。訴訟システムのオペレーターを増やしたり、強化することも大切であるが、訴訟遅延の大きな原因は、本来訴訟に持ち込むべきでない事件が大量に持ち込まれていることが主要な原因である。したがって、訴訟の促進という観点からしても、オペレーターの改変だけではどうにもならない面がある。ADRを充実させ、ADRで解決すべき事件はADRで解決し、訴訟は訴訟で解決すべき事件に限るようにすれば、自から訴訟の遅延は解決し、同時に紛争解決の質が全体的に向上するはずである。

二　紛争に対応する紛争解決システムの整備状況

わが国に、紛争に対応する紛争解決システムは整備されているであろうか。わが国における紛争解決システムの問題点を摘出するときには、このことについて、さまざまな角度から検討をしておく必要がある。

「紛争に対応する解決方法システムは整備されているか」という問に対しては、ほとんどの人は、「ある」と答え、「ある？　それは何？」と重ねて問うと、「訴訟」と答えたり、「いろいろあるが、最終的には訴訟がある」と答えるであろう。これは、一般の人々ばかりではなく、法律学者や法律実務家も同様であると思う。

では、わが国における訴訟は整備された紛争解決システムと言えるのであろうか。

二〇〇一年（平成一三年）一月一四日付の朝日新聞によると、司法制度改革審議会が民事訴訟の原告や被告を体験した人を対象にアンケートをしたところ、今の裁判制度に満足している人は一八・六％であり、利用しやすいと答えた人は二二・四％であったという。これは異常に低い数字である。すなわち、訴訟に勝った人は半分であろうから、この数字は、勝っても満足しない人や利用しやすいと思わなかった人が多数存在することを示している。これでは、訴訟が満足な紛争解決システムであるとは、とうてい言えないであろう。

訴訟がなぜ満足されていないか、利用されやすいと思われないのかということについては、なお詳細なアンケート調査が必要であろうが、その主たる原因は、訴訟に時間がかかるからであろう。それでも訴訟が利用されるのは、裁判以外の紛争解決システムが利用されていないからである。

しかし、この点も子細に見る必要がある。すなわち、裁判所におけるＡＤＲ以外のＡＤＲの場合、その扱う事件数が一時に急激に増えたときに、すぐに対応できるところは少ないであろう。一方、裁判所におけるＡＤＲを考察する方法として簡易裁判所の例をとれば、場所によってまちまちだろうが、東京簡易裁判所の場合、起訴前の和解は、申立から期日までに二か月前後の日時を要する。

以上のことから、わが国の紛争解決システムは全体として容量不足で、紛争に対応する紛争解決システムを問われれば、まずキャパシティのうえで整備されていないという答えが出てくると思われる。そしてその結果が、利用者からの満足度が低いということになるのである。

また、本来訴訟システムになじまない紛争が、訴訟という形で裁判所に持ち込まれ過ぎている。このことは、地裁通常訴訟既済事件のうち、欠席判決を除けば、訴訟上の和解で終結する事件数が判決で終結する事件数を上回るという事実が如実にあらわしている。なぜならば、訴訟上の和解で解決する事件のほとんどは、はじめからADRで調停をすれば、そこで解決するはずだからである。これは、訴訟になじまない事件がいったん訴訟という形で裁判所に持ち込まれ、その後にADRシステムを使って解決するという迂回経路を辿っていることを示している。このことは、紛争解決システムが、訴訟システムになじむ紛争は裁判所へ、ADRシステムになじむ紛争はADR機関へというふうに整備されていないからであって、紛争に対応するシステムという問題からすると、この点でも整備がされていないと言わざるを得ない。

なお、第一章二、四で述べたとおり、わが国では、裁判所における民事調停、家事調停が合計で三七万三〇〇〇件に達している。これは、仕事としてはADRに属するものであるが、ADR機関のシステムでなく、裁判所のシステムとして利用されているのである。ここにも、紛争に対応するシステムからすると、十分に整備されていないという見方が成り立つ。

さらに、紛争の中には、適切な解決方法がないという意味でも、紛争解決システムが整備されていないところがある。

例えば、境界紛争である。私は、日弁連の推薦により、法務省から委託を受けた財団法人民事法務協会の「裁判外境界紛争解決制度に関する研究会」に委員として参加し、裁判外境界紛争解決制度の創設について協議した。その結果は間もなく報告書にまとめられることになっているが、そのときに委員の間でなかなか見通しが立たなかったのは、地図混乱地域の境界紛争の解決である。日本全国では、乱開発に伴う地図混乱地域が各地にあるが、その中でも、東の横綱とされている那須は、関係者が多過ぎてどうにも手のつけようがないそうである。結局、関係者が集団的な話し合いをするための特別な手続を用意し、そこで合意に達したときは、その合意を証拠として境界確定処分をすることができるようにするという意見でまとまりそうであるが、それにしてもそれを可能にするためには、境界紛争を解決するための強力なＡＤＲが必要なのであって、そのＡＤＲが存在しない現在のところは、地図混乱地域の境界紛争を解決するシステムは、建前のうえでは訴訟があることになっていても、現実には存在しない。

二　紛争に対応する紛争解決システムの整備状況

以上のように考察をしてみると、わが国に紛争に対応する紛争解決システムが整備されているかという設問を立てた場合には、十分に整備されていないという答えが出てくると言えよう。

その紛争解決システムも、ＡＤＲシステムに比較して訴訟システムに、また、裁判外システムに比較して裁判所システムに大きく偏っていて、紛争解決システムとしては、本来の姿からみると、きわめて跛行的である。

これを本来の姿に近づけるためには、裁判所におけるＡＤＲ以外のＡＤＲ（とくに民間型ＡＤＲ）を充実させる必要があるが、それらは、裁判所におけるＡＤＲに比べて規模のうえで貧弱であり、かつ、あまり利用されていない。そこで、次に裁判所におけるＡＤＲ以外のＡＤＲが利用されていない理由について考えてみたい。

三　ＡＤＲが利用されない理由

わが国では、裁判所におけるＡＤＲ以外のＡＤＲは、あまり利用されていない。その理由はいろいろ考えられるが、それを正確に把握するためには、さまざまな調査をし、そのデータに基づいて、分析、研究をする必要があるであろう。これこそ法社会学の格好のテーマだと思うが、そのような系統的な調査は行われておらず、私自身も行っていない。したがって、これから述べることは、私の仮説に過ぎない。しかし、仮説ではあるが、いくつかのＡＤＲの設立と運営に携わった者としての実感を伴っているので、確度はかなり高いのではないかと思っている。

まず、一般的に考えられる理由をあげてみよう。

第一に、人々や企業にＡＤＲの存在自体が知られていない。義務教育の過程でも、裁判所については教えられるが、ＡＤＲシステムについてはほとんど教えられていない（国民生活センターが家庭科の教科書に載る程度であるが、受験体制の中では教えられるチャンスが少ないと仄聞している)。また、ＡＤＲがマスコミにとりあげられることは、最近でこそ頻度がやや高くなったが、まだ散発的で、系統的にとりあげられることは少ない。これは、ＡＤＲに精通しているマスコミ関係者が少ないことに由来していると思うが、その割合は、報道関係の司法担当者の五％にも満たないのではないかと、私は想像している。したがって、一般人がＡＤＲを知る機会はほとんどないと言っても過言ではない。

第二に、一般人に知る機会がないのであれば、知る機会をつくる役割は、弁護士が担うべきであるが、ＡＤＲを知る弁護士は多くなく（調査をしていないので何とも言えないが、ＡＤＲと聞いて何のことか説明ができる弁護士は、全国平均で恐らく五割を割るであろう)、知っていても、概してＡＤＲには冷淡である。

その理由は、主として二つ考えられる。一つは上部構造であるが、弁護士は、紛争があればまず訴訟、と思考がロック・イン（固定）されていて、前に述べたようなＡＤＲの基本的理念や歴史的意義のところまで考えが及ばないことである。もう一つは下部構造であるが、大半の弁護士は、あまりにも長く訴訟をすることによって糧を得ていたために、ＡＤＲの発展の中で職業を維持することを考えていないことである。そればかりか、ＡＤＲは弁護士の職域を侵害すると考えて、その設立に反対したり、抵抗したりした歴史をもっていた。そのような考えは、最近はさすがに表面には出なくなったが、いまだに十分に払拭されてはいないのである。紛争解決に携わる弁護士が、ＡＤＲにこのようなスタンスをとっている限り、ADRの利用に限界があるのは当然であろう。

なお、とくに行政型ADRや業界型ADRに対して、公正性、中立性が十分でないという批判をときどき聞くが、各ADR機関は、調停人、仲裁人の人選等に細心の配慮をしており、私の知る限り、たいていのADR機関では、この点はクリアしている。したがって、公正性、中立性が十分でないから利用されないのだという理由づけは、当っていない。

また、ADRが規模的に弱体だから利用されないのだとも考えられない。一挙に大量の事件が申し立てられるのであれば別であるが、申し立てられる事件が増大しても、それに対応する備えは、たいていのADR機関にできている。


しかし、ADRが利用されない理由は、もっと根が深く、何か根源的な理由があるのではないかと思われる。


いったいヒトは、紛争が起こったとき、どのようにして解決するのであろうか。またそのとき、自分以外の他者（あるいは機関）をどのように利用するのであろうか。

考えられるのは、次の三つのパターンである。

第一は、訴訟のように公的な裁定機関の判断に従う方法。第二はそれとは対極をなすものとして、相手との対話、論争を通してみずからの意思で解決を見出す方法。そして第三は、村落、会社などの社会における力関係、位置関係に従う方法。

第一は訴訟に親和的で、第二はＡＤＲに親和的であるが、第三は訴訟もＡＤＲも不要ということになる。

そこでわが国の国民性が持ち出され、お上を尊重する国民性であるが故に第一の方法で裁判所には行くが、一方第三の方法も幅をきかせているから、ＡＤＲが発達する余地がないのだという図式が、一応は成り立つかもしれない。そういう面もあるだろうが、しかし必ずしもそうとは限らない。

私はかつて、ヒトが紛争解決の中心に入れなかった理由として、これまでの人間の歴史が中心に入れない、入らないという流れをしていたこと、中心に入る道具としての言葉を十分に持っていなかったこと等をあげたが、ＡＤＲの利用を阻害している要因として、同じことが言えるのではないかと思う。

すなわち現段階では、人々は、現実のニーズのうえでは、あるいは無意識のうちには、第二の方法を希求しているにもかかわらず、ＡＤＲの存在も本質も知らないために、みずからの希求を意識化したり、言葉にしたりすることができず、ニーズを行動に結び付けることができないのである。そして、これを結びつける役割を担うべき弁護士が、裁判所の権威と自己の権威を一体化しているので、ＡＤＲには権威がないから価値がないものと扱っているのである。

この局面を打開するためには、前述のようなＡＤＲの基本的理念を十分に認識したうえで、ＡＤＲ

の論理システムを駆使する腹を固め、当事者の意思と責任で解決する私的自治を実現する方向に流れをつくることが肝要なのであって、それができない限り、ADRは真の意味で利用されるようにはならない。

四　裁判所における調停制度の歴史

わが国における紛争解決システムの問題点を摘出するにあたって、欠くことができないことは、裁判所における調停制度の歴史を知ることである。すなわち、調停制度の歴史を探訪することによって、現在の紛争解決システムの問題点を発見することができるのである。

そこで、わが国の裁判所における調停制度の歴史をごく簡単に振り返ってみたい。以下、小山昇『民事調停法〔新版〕』（有斐閣・一九七七年）を要約する形で記述するが、詳しくは、同書三頁～四七頁をご覧いただきたい。

調停制度の歴史を徳川期からはじめると、その第一期は、近代私法訴訟法の法制以前の時期としてとらえるべきである。

その時期に、相対済令《あいたいすましれい》がある。

相対済令は、江戸幕府が発した臨時法制で、これにより一定種類の金銭債権につき特定時期以前または以後の債権を目的とする出訴（金公事《かねくじ》）を受理しないこととするものである。制定の（表の）理由は、出訴数多く健訟の弊に裁判所が堪えかねるということであった。不受理（＝訴権の停止）の根拠は「素々相対之取引」であり「相互ニ実意」をもって「応対」すれば裁判に及ばぬはずで当事者間で「和談」をもって決済すべき性質の事項であるということであった。制定の（真の）狙いは町人からの負債に苦しむ旗本・御家人の救済にあったという説がある。

調停との関係で相対済令を見るとき、金銭貸借を「素々相対之取引」と見ているという物の見方と「和談」を間接的ではあれ強いていることが注意を惹く。金銭貸借事件はもともと相対で処理すべき事項であるという意識は、これを調停に親しむものたらしむ。

ここから先の六行は私の感想であるが、この相対済令の真の狙いが旗本・御家人の救済にあったとしても、江戸時代に、出訴数が多く裁判所が堪えかねるとか、当事者間の「和談」をもって決めるべしなどという発想があったことは、注目に値する。もとよりこれは、近代私法の私的自治の原則とはほど遠いものであって、単なる方便に近いものだろうが、窮したときに人間が考えることは、何百年経ってもそれほど相違がないのかもしれない。また、「和談」が「訴権」を停止するというのは、ADRが指摘される欠点を示唆していてまことに興味深い。

次は、内済《ないさい》。

内済は、江戸幕府の訴訟手続（出入筋）に関連する調停的・和解的解決制度で、扱人《あつかいにん》とよばれる第三者が介在して争訟当事者をあっせんし和解示談の成立に尽力する制度である。

江戸幕府は、内済を奨励した。そして、内済による解決の実績が大であったことは異論なく認められている。

内済制度の存在を根拠づける法理は、《民事上の争訟事件は私事に属し、……庶民の間に於て処置す可きものといふ観念》があり、これが《支配的に当時の者の頭脳裏に存在した事も認めねばならない》といわれる。したがって、内済と調停との間に理念における繋りがあるように思う。

そして、勧解《かんかい》。

勧解は、明治政府が設けた制度である。

明治八年、内済は法源の消滅により、実定法上の制度としては消滅し、勧解が法上の制度として現われる。勧解は、裁判所の組織が明治一四年に大審院・控訴裁判所・始審裁判所・治安裁判所に変わっても、法上の制度として存続し、明治二三年に至っている。

勧解は、最下級の裁判所が管轄した。勧解は「凡民事ニ係ル詞訟」につき「金銭ノ多少事ノ軽重ニカ、ハラス」なされるものであった。そして、「勧解ヲ為スニハ勉テ願人被願人ノ実情ヲ得ルニ注意シ双方ヲ勧誘調和セシムルヲ主トスヘシ」とされたのである。

旧民事訴訟法典（明治二三年三月二七日法律二九号、明治二四年四月一日施行）の成立により、訴訟中の和解と起訴前の裁判所での和解の制度が設けられた。反面、勧解の制度は消滅した。

調停制度の歴史の第二期は、各種の法制度化の時期としてとらえることができる。すなわち、民事訴訟法典の成立後から統一民事調停法の成立までの時期にあたるが、民事の調停の法制度は、裁判所での和解の法制度を廃止せずに、これと並ぶものとして設けられた。それは、個別に、必要に応じて、事件の類型に応じて、成立した。そして、これらは、日本国憲法制定後、民事調停と家事調停の二系統に整理された。

第二次大戦前に成立した各種の調停法は、借地借家調停法、小作調停法、商事調停法、労働争議調停法、金銭債務臨時調停法、人事調停法、鉱業法中改正法律であった。

大正一一年に成立した借地借家調停法は、明治三三年の「地上権ニ関スル法律」、明治四二年の「建物保護ニ関スル法律」、大正一〇年の「借地法」が現実の社会の要求に適合すべく、つぎつぎに制定されたにもかかわらず、妥当な解決を図るには十分でなかったこと、借家をめぐる紛争が衡平に解決されることを期待して借家法が大正一〇年に制定されたが、深刻な住宅難を背景に紛争が多発していたことが、その制定理由になっている。政府委員の提案理由によれば、借地借家調停法が必要である理由は次のようなものである。

《此ノ借地借家関係ノ争ニ付テハ、各国モ別ニ調停ノ途ヲ定メテ居ルヤウナ次第デ、司法当局ニ於テハ、其ノ前ヨリ何カ調停ノ方法ヲ定メナイト云フト、一々争ノ形ニ於テ之ヲ決定スルト云フコトハ却テ民争ヲ繁クスルノミナラズ、殊ニ日本ノ事情ト致シマシテ、此訴訟ノ起ル其結果勝ツテモ負ケテモ遂ニ不和ノ状態ニナツテ、平和ノ間ニ借地借家ノ関係ヲ継続スルト云フコトハ困難ニナルト云フノガ人情デアリマスカラ、出来ル丈ケ調停ヲ以テ斯ウ云フモノハ処理シタイト云フコトヲ考ヘテ居ツタノデアリマス》

そこに見られるのは、「争いの形」の否定であり、「権利の確定」は権利の安定に非ずという見方である。これは、そして、当事者は路傍の人でないという根本観に由来している。この根本観が人間関係の平和の継続を希求させている。訴訟が長引くこと、訴訟が費用がかかること、実体法が不備であること、訴訟が手続としてとくに欠点が多いことなどが強調されているのではない。

ここから先の四行は私のコメントになるが、このときすでに、多発する紛争に対する備えをすること、継続関係を重視する循環型の価値観の萌芽があること、多様な紛争解決規範を使用すること、しかし、必ずしも迅速・低廉だけが目的でないこと、という現在のＡＤＲに一脈通ずるものが出ていたということになる。

この借地借家調停法は、その成立直後においては、必ずしも期待されたほどには利用されなかったが、大正一二年九月関東大震災が生じて事態は一挙に変わり、借地に関する紛争が一時に頻発した。

小作調停法は、大正一三年に成立した。制定の動機は頻発する争議を放置できないことであり、法の目的は争議の円満解決であり、制定の政治的狙いは争議の収拾にあった。

商事調停法は、大正一五年に成立した。この提案理由には、迅速・低廉な解決、争いの形の否定（円満の必要）、特殊の商慣習の斟酌（法規の正条からの逃避）が見られる。この法律の特徴的なところは、調停委員会が民事訴訟法による仲裁判断をすることができるとされた点であった。

労働争議調停法も、大正一五年に成立した。この法律は、昭和二一年に廃止され、労働関係調整法第三章調停によってとって代わられた。

昭和七年に成立した金銭債務臨時調停法の社会的背景には、世界恐慌があった。すなわち、昭和二年に金融恐慌がはじまり、昭和四年、ニューヨーク株式市場が大暴落して、世界恐慌がはじまった。そして、昭和五年にこれが日本に波及した。そしてこの法案は、《経済界ノ不況ノ現状ニ鑑ミ之ヲ打開スル一方法トシマシテ、負債ノ整理ニ依リ中小農商工業者其他一般誠実ナル債務者ニ、自力更生ニ機会ヲ与フルガ為ニ、債権者債務者ニ互譲ノ途ヲ開クノ必要アリト認メマシテ》提出されたのである。

この法案の目的が債務者の「更生」にあり、更生の方法が「整理」で、整理の一方法として「調停」が考えられたことが明らかである。すなわち、履行の猶予、分割払い、一部の切捨てなどが期待されたのである。これは、訴訟においてはできないことであった。しかし、政策上必要なことであると考えられた。

この制度はよく利用され、昭和一〇年には最高の八四、六六八件になった。以後は漸減したが、戦後漸増し、昭和二五年には一三、三二〇件であった。

この金銭債務臨時調停法のくだりを読むとき、すぐに思い当たるのは、民事調停制度に特定調停が設けられたり、民事再生法が制定されたりした最近の動向である。歴史は繰り返すというが、ＡＤＲを必要とする歴史も、ＡＤＲが設けられる歴史も、案外繰り返しているのかもしれない。この部分は、私の感想である。

さて、昭和一二年に日華事変が勃発した。銃後の家庭紛争を迅速・円満に解決して、もって銃後の結束を強化し、戦線の将士に後顧の憂なからしめる必要があった。現に戦没将兵の遺族間の、恩給・扶助料などをめぐる紛争が起った。これを迅速かつ円満に解決することは切実であった。この特別の事情は人事調停法の成立を促進した。

昭和一四年に成立した人事調停法の制定理由については、次のようなことが述べられている。

《親族間ノ紛争其ノ他家庭ニ関スル事件ニ付キマシテハ、之ヲ道義ニ本ヅキ恩情ヲ以テ解決スルコトガ、我国古来ノ淳風美俗ト特有ノ家族制度トニ照シテ最モ望マシイノデアリマシテ、此ノ事ハ固ヨリ申スマデモナイト存ジマス。随テ裁判所ノ調停ニ依リ当事者ノ和衷妥協ヲ図リ家庭ニ関スル事件ヲ円満ニ処理解決スル途ヲ開クコトハ、多年各方面カラ要望サレテ居タ所デアリマシテ……》

昭和二〇年八月、第二次世界大戦は終わった。そして昭和二二年、日本の憲法は民主主義の原理の上に立った。そこで、昭和二二年八月、新憲法下第一回の国会に、「民法の一部を改正する法律案」が提出されたが、これとともに、「家事審判法案」が提出され、この法案の第三章が調停にあてられた。すなわち、人事調停法は家事審判法第三章にとって代わられ廃止された。この家事審判法第三章の調停が、裁判所における調停制度の一方の系統である家事調停になるのである。

鉱害の賠償の調停に関する法規は、昭和一四年の鉱業法の一部改正法律によって設けられた。しかし、鉱業法は昭和二五年に全面的に改正され、この機会に鉱害賠償調停に関する規定は、和解の仲介及び調停の条項となった。これらの規定は、昭和二六年に成立した民事調停法の付則により削除された。

調停制度の第三期は、統一民事調停法の成立と改正の時期で、民事調停法の成立から今日までの時期にあたる。

民事調停法は、昭和二六年法律二二二号として制定された。これにより、借地借家調停法、小作調停法、商事調停法および金銭債務臨時調停法が廃止され、鉱業法中鉱害調停に関する規定は削除された。

各種の調停法にはその成立を促す契機がそれぞれに固有に存したが、それらの促進の契機は臨時的なものであった。しかし、促進の契機が沈静ないし消失した後にも、成立した調停法は、あるいは適用地域を拡げ、あるいは適用事項を拡げ、あるいは適用期間を延ばした。それは、調停法に存在の理由があるからであって、そのことは、調停がよく利用されているという事実が示している。その調停法＝調停制度の存在理由は、「争いの形」の否定であり、権利の確定は権利の安定にならず実情を顧慮すべしという思想であった。この意味で、簡易訴訟制度とは、一線が画されていた。この存在理由は、法理上の根拠を有しうるものならば、これを基盤として、単一調停法が成立することが可能であるはずである。ところで、この法理上の根拠の探究を待たずに、単一調停法が、平時の法として成立したものである。ここに成立した民事調停法が、家事調停の系統に並ぶもうひとつの民事調停の系統になるのである。

その後、この民事調停法は、何度も改正された。そのうち、とくに重要なのは昭和四九年改正法で、調停委員の身分につき、いわゆる調停委員候補者として選任されることを改め、任命の時から非常勤の裁判所職員として任命し、これに手当を支給する待遇を与えること、調停委員の職務の拡大を図ること、交通事故調停・公害等調停の管轄裁判所につき特則を定めて申立を容易にすること、の改正が行われた。

五　裁判所における調停の問題点

こうして裁判所における調停制度の歴史を繙くと、調停制度を必要とする事実に現在と共通するものがあり、またその理念も、私の言うＡＤＲの基本的理念に通ずるものがあることは、まことに興味深い。しかし、決定的に違うところは、私的自治に対する考え方の強さである。その考え方の強さの相違は、ほとんど質的な違いである。すなわち、裁判所における調停が「上から」組み立てられているのに対し、私の言う理念的ADRは「下から」組み立てるべきものである。その意味からすれば、裁判所における調停は、ADRとしてつくられたものではない、と言ってよいと思う。

しかし、歴史を繙くことによって、私は、もうひとつ興味深いことに気がついた。それは、内済、勧解という江戸時代、明治初年の統一法が、いったん各種の調停法にばらけ、それがまた家事審判法、民事調停法の二系統に統一されてゆく過程である。そして今また、建設業法、住宅の品質確保の促進等に関する法律等にばらけようとしていることである。しかも、機関まで別に。法律はともかくとして、ADR機関に着目すると、異常なほどの拡散現象が、今現在展開し、進行中である。この現象に関して、歴史の中から、何を教訓として汲みとるかである。

私は、次のような教訓を汲みとった。

すなわち第一に、紛争の多様化に伴って、ADRに対するニーズが事件類型ごとにばらけてくることは避けられないということである。この事件類型ごとにばらけたニーズに、統一のADR機関が対応するか、各別のADR機関が対応するかが、ADR設計の大きなテーマになる。

第二に、第一のことの重要性をはっきり自覚しなければ、当面の問題の対応に追われて、法律やら機関やらを絶え間なくつくるだけで、ADRの基本的理念に到達できなくなるということである。現在の拡散現象が、その弊に陥る危険性はあると思う。

第三は、事件類型ごとにばらけるのはよしとしても、統一した基本的理念がなければ、ＡＤＲが社会の中に地歩を固め、社会システムとしての役割を果たすことはできないということである。これはむしろ、最近の現象を含めて言っているのであるが。

ここで、現在の裁判所における調停の問題点を摘出しておかなければならないであろう。

しかし、問題点を摘出する前に、裁判所における調停制度が紛争解決システムとして重要な役割を果たしており、近年その在り方にさまざまな創意工夫がなされていることを、最初に指摘しておかなければならない。

家事審判法、民事調停法は度々改正され、調停の在り方が改善されてきたことは事実であり、私が弁護士になったころの約三〇年前と比較すると、格段の進歩が見られることは確かである。

そのうえ、裁判所における調停が長年の間に培った長所がある。この長所は、率直に言えば、しばしば裁判所以外のＡＤＲの前に立ちはだかる大きな壁になる。

それは第一に、日本全国に布置されていて、ロケーションのうえで網羅的であることである。

そして第二に、そこに、人的配置、物的施設が備わっていることである。すなわち、整備された裁判所の建物の中に、調停委員、裁判官、書記官、司法委員、調査官などがいることである。

さらに第三に、国家予算で運営されているために、当事者が低廉な費用で利用できることである。

また第四に、公正性、中立性が維持されていて、それに対する人々の信頼が厚いことである。

このように長所を並べてみると、何も問題はないように思われるかもしれない。しかしそれでも、理念型ADRからみると、いろいろな問題が出てくる。その問題点を列挙してみよう。

まず、根本的な問題は、その歴史的経過からくるところの限界を越えていないことである。すなわち、その歴史から一目瞭然であるが、裁判所における調停は、ピラミッド型の司法行政に組み込まれていて、その限界を越えることができないのである。これは、それが裁判所の機構の中で行われているのであるから当然のことである。

では、何かうまい工夫をすれば、その限界を越えられるものであろうか。結論から先に言うことになるが、私は、難しいと思う。なぜならば、調停は当事者の合意によって手続がすすめられ、合意がなければ成立しないからである。すなわち、調停の仕事の中身には私的自治の原理が働いているから、裁判所における調停は、司法行政と私的自治の原理のジレンマを常に内部に抱えることになるのである。

この内部のジレンマは、ふだんは潜在化していて気がつかないが、何かの折に顕在化して、司法行政と私的自治の原理は衝突する。そして当事者は、司法行政の壁にぶつかって、戸惑ったり、不満を持ったりする。具体的には、次のような現象が起こるが、この現象がそのまま調停の問題点に他ならない。

第一に、民事調停の手続を指揮する調停主任＝裁判官（民事調停法七条一項、民事調停規則一七条）

や家事調停の手続を指揮する家事審判官（家事審判規則一三四条、以下、調停主任と家事審判官を併せて「裁判官」という）は、調停の場にほとんど同席していないことである。調停は当事者の合意によって成り立つものであるから、当事者の意思や感情を読み取らなければ、真の合意を見出せない。したがって、調停人は、常に調停の場に同席して、当事者の言葉を聞き、当事者の表情を見ていなければならない。私的自治の原理に立てば、これは最も初歩的かつ重要な仕事である。しかし、裁判所における調停は、イロハのイを欠いているのである。

第二に、したがって、裁判官に精確な情報は伝わっていない。少なくとも、多くの当事者は、裁判官に精確な情報が伝わっていないと思っている。例えば、調停期日の終了するに際し、調停委員が裁判官に電話をして次回期日を入れるのであるが、そのときに当日のやりとりの要旨を簡単に裁判官に報告する。当事者は、その要旨の報告に異常に神経を使い、しばしば、要旨の不正確さと見えない裁判官にコントロールされていることに、がっかりするものである。そのことが合意形成に微妙な影響を及ぼす。

第三に、ときどきしか当事者に顔を見せない裁判官にコントロールされていることである。これは、いろいろな形になってあらわれる。例えば、滅多に顔をみせない裁判官が出てきて、「もう七回目になりましたから、そろそろ不調にするかどうか決めて下さい」などと言い、せっかくの気運を台なしにすることがある。

調停は、当事者の合意によって成り立つものであるから、そのような台詞は言ってはならないものであるが、裁判官にも調停委員にも「合意」とか「私的自治」の意味が分かっていない人がいる。

第四に、これは裁判官の人数や調停室の数などの物理的制約にも関係が深いものであるが、調停期日が一か月に一度くらいにしか入らないことである。しかし、一か月に一度だと、当事者間にせっかくある程度のコミュニケーションができても、次の期日には振り出しに戻ってしまって、はじめからやり直すことになりかねない。井戸に落ちた蛙は、一気に登れば地上に出られるのに、少し登って休むと、またずり落ちてしまって、いつまでたっても地上に出られない。これと同じことになってしまうのである。すなわち、紛争解決には、気運とタイミングがある。また、紛争にはそれぞれの個性があるから、事案によっては連日の話し合いが適する場合もあるし、三か月ほどの冷却期間や熟慮期間を必要とする場合もある。しかし、裁判所における調停は、そういうことには、さほど関心がないように見受けられる。

また、一回の期日に使う時間はだいたい一時間、長くて二時間であるが、時間で打ち切られると、尻切れトンボになって、当事者に欲求不満が残り、これもまた振り出しに戻る原因になる。私が、調停人として事件を担当するときは、その期日で進むことができるところまで時間をかける。そして、その日にはそれ以上進まないというところで、その日の期日を終了する。そうでなければ、当事者の意思を聞くことができないし、当事者間の真の合意に到達することはできない。

仮に、五日置きに期日を入れ、一回の期日に三時間を使って、五回で解決したとしよう。その場合に要する日数は、初日を参入すれば、二一日間である。これを一か月に一回、一時間を使う場合にはどうなるであろうか。単純に計算すれば、その場合には、一五か月かかることになる。集中的に一回の期日に多くの時間をかければ二一日で解決する事件を、小刻みに時間をかければどんな結果になるだろうか。たいていは、コミュニケーションがうまくできなくて、途中で不調になったり、適当なところで手を打つのではなかろうか。

第五に、裁判所における調停では、当事者が調停人（以下、裁判官と調停委員を含めて、「調停人」という）を選ぶことができない。しかし、当事者から見ると、調停人の資質には高低の差が大きい。したがって、よい調停人に当たればいいが、よくない調停人に当たると、事件の相手方とのやりとりに苦労するよりも、調停人と言い争いをすることで消耗してしまう。私が代理人になったときの経験であるが、調停人があまりにもひどい偏見をもっているので、当事者がうんざりして、事件を取り下げてしまったことがある。

しかしＡＤＲは、当事者の合意に基づく私的自治が基本であるから、調停人、仲裁人は当事者が選ぶのが原則である。すなわち、ＡＤＲはもともと「この人の調停を受けたい」「この仲裁人の判断を仰ぎたい」ということからはじまった制度であるから、調停人、仲裁人を当事者が選ぶことが基本なのである。したがって、わが国でも、当事者が調停人、仲裁人を選ぶ手続規則を持っているＡＤＲ機関はかなりある。

裁判所における調停制度には当事者が調停人を選ぶ手続がないが、私的自治という観点から見ると、裁判所における調停は、この一点だけでも、理念型ＡＤＲとは質的な違いがあると言えるであろう。

第六に、裁判所における調停では、調停委員のトレーニングは多少行われているようであるが、体系的なトレーニングはなされていない。すなわち、調停委員は、あるいは学識があり、あるいは社会経験が豊かであり、あるいはその道の専門家であるが、調停技法については素人である。調停技法について素人であることは、裁判官も同じである。すなわち、わが国には、調停の基本的理念と調停技法を身につけ、調停を生活の糧にしている調停のプロは誰ひとりとしておらず、パートタイマーの素人が、自己流で調停をしているのである。私は、素人だからかえってよい面があることを認めているので、これがすべていけないとは言わないが、年間三七万三〇〇〇件に及ぶ裁判所における調停を、すべてパートタイマーの素人が実施していることは、考えてみれば恐ろしいことではないだろうか。

こういう場合に外国の例を持ち出すのは私の好みではないが、アメリカにはプロの調停人、仲裁人がかなりいる。プロであるということは、それで食べているのだから、自己の存立はＡＤＲにかかっているのである。したがって、責任も極めて重い。ここが、素人とプロの違いである。

辛辣な表現になることを許していただきたいが、わが国の裁判所における調停にプロの調停人がいないということは、要するにＡＤＲの取り組みに腰が引けているのである。

第七に、これも調停人によりけりであるが、「話し合いがつかないのならば、不調にして、訴訟を出したらどうですか」と言う調停人が少なくない。むしろ「訴訟をするよりも、この場で解決した方がいいと思いますよ」と言った方がよい場合にも、逆に「不調にして、訴訟を出したらどうですか」という言葉が出るのである。その言葉の始末が悪いところは、話し合いがつかないで苦しんでいる当事者にとって、反論の余地がない言葉であることである。そして、話し合いがつかない原因は、それを言われた当事者にあるというニュアンスを含んでいて、当事者はこういう言葉に敏感に反応する。その受け取り方によっては、この言葉が脅迫の効果を及ぼす。

もとより、調停の席で、調停人が調停の見通しを話し、その関係で訴訟になったらどうなるかという予測をすることはある。また、事案が調停システムに向いていないことを説明しなければならない場合もあるだろう。そういうときには、具体的に懇切に説明すればよいのであって、「話し合いがつかないなら訴訟を提起せよ」などと切って捨てるような言い方をすべきではない。そういう言い方をされた日の当事者は、たいてい夜眠れないものである。横に座っていた代理人の私も、作戦の立て直しなどを考えて、よく眠ることができない。調停人は、当事者にこんな思いをさせていることは、想像ができないであろう。話し合いがつかないのなら不調になるのは当然で、不調になれば訴えを出すのは当たり前ではないか、と思っているだけなのだから。論理的には、たしかにそのとおりである。しかし、この言葉は、調停人の重大な欠陥をあらわしている。その欠陥は三つある。

ひとつは、調停人の人格の問題であるが、調停人としてはあまりにも無神経であって、その無神経さのために、当事者の信頼を失い、その意思を聞くことができなくなって、結局合意に到達することが難しくなることである。

もうひとつは、調停と訴訟は、紛争解決システムとしては別のものであるという認識を欠いていることである。調停と訴訟は、第二章五で詳しく述べたように、それぞれ別々の論理システムを持っている。したがって、調停に適するものと訴訟に適するものとは、事案によって違うのであって、当事者は、その事案が調停に適すると考えているから調停を利用しているのである。すなわち、調停は、決して訴訟の下位にあるシステムではない。そのことが分かっていないから前記のような言葉が出るのであって、この認識を欠いていることは調停人の重大な欠陥である。

さらに、調停の場で紛争を解決する迫力を欠く欠陥がある。実体法が調停前置になっているか否かにかかわらず、当事者は、この場で解決をしたいから、調停に来ているのである。すなわち、たいていの当事者は訴訟などはやりたくないと思っているのである。調停で早く解決したいと思っているのである。訴訟のために金をかけるのはうんざりだと思っているのである。その当事者に、「不調にして訴訟を出せ」はないだろう。当事者は、その場で解決しようという迫力を欠く調停人を目の当たりにし、がっかりして、その後のコミュニケーションがうまくできなくなってしまうのである。

第八に、これまで述べた問題点は、大なり小なり、調停が訴訟の下位に置かれているという事実から影響を受けて出てくるものである。すなわち結局、調停がピラミッド型の司法行政にコントロールされているという元の問題に戻ることになる。

調停が訴訟の下位に置かれているという事実については、多くの反論が予想される。このことについては、裁判所人事の在り方などから実証しなければならないが、本書はそれが目的ではないので、割愛する。しかし、ひとつだけ根拠をあげておこう。民事調停法七条一項には「調停主任は、裁判官の中から、地方裁判所が指定する」と規定されている。そして、民事調停のほとんどは、簡易裁判所で行われている。すなわち、地方裁判所が、簡易裁判所の裁判官を調停主任に指定しているのである。ところで、地方裁判所も簡易裁判所も下級裁判所のひとつであるが、審級の関係では、地方裁判所が簡易裁判所の上位に置かれている（裁判所法二四条三号、四号）。これが司法のピラミッド構造である。このように、法のうえでも調停が訴訟の下位に置かれているほどであるから、司法の世界では、調停が訴訟の下位に置かれているのは、まぎれもない事実なのである。

以上のことから、結論を出せば、わが国の裁判所における調停の最大の問題点は、それが裁判所で行われていること自体にあるということになる。そのために、民事調停、家事調停は、当事者の合意の形成という観点からみると、さまざまな問題を起こし、内容が不十分になるのである。そして、調停というＡＤＲの仕事をしているにもかかわらず、あるべきＡＤＲの水準からは相当の後れをとっているのである。すなわち、ＡＤＲの基本的理念には程遠い位置にある。

もし、私的自治に基づく理念型ＡＤＲを希求するのであるならば、裁判所における調停を俎上に乗せ、メスを入れるかどうかの腹を決めなければならない。これが、裁判所における調停制度の問題点を摘出したときに得た「解」に他ならない。

六　訴訟上の和解の問題点

訴訟上の和解については、その集大成とも言うべき後藤勇・藤田耕三編『訴訟上の和解の理論と実務』（西神田編集室・一九八七年）があり、私もこの著書について、『和解と正義―民事紛争解決の道しるべ』（自由国民社・一九九〇年）の中で詳しく解説した。

その解説もそうであるが、私は、訴訟上の和解については極めて好意的である。それは、実際に私が担当した事件で、裁判官からすぐれた和解をしていただいた経験に基づいている。その和解も、なかなか個性に富んでいて、裁判官によってやり方がかなり違うのである。しかし違いがあっても、それぞれ絶妙で、納得のゆくものであった。このような経験から、訴訟上の和解の事件簿を、裁判官列伝（できれば実名で）のような形にしてまとめてみたいと思っているほどであるが、まだ果たしていない。

したがって私は、訴訟上の和解は、紛争解決システムとして、よいものだと思っていたし、今でも、基本的には同様な考えを持っている。

しかしこれは、いかにも実務家らしい考え方なのかもしれない。学者からは、訴訟上の和解は、和解手続で取得した情報を訴訟手続に流用するからよくないなどと批判されているのである。しかし、いったん和解に入った以上、ほとんどの事件は和解で解決するのであるし、仮に訴訟手続に戻っても、和解手続で取得した情報が悪用されるよりも善用されることの方が多いのであるから、それほど目くじらを立てることもなかろうと、私などは考えてしまうのである。つまり、レア・ケースの弊害を恐れて、よいシステムを潰すのは惜しいと思うのである。

また、訴訟上の和解については、当事者は判決を下す権力を持っている裁判官の和解案を拒むことが難しいので、結局和解を押しつけられるという批判がある。たしかに、記録も読まないで妙な和解案を押しつけようとする裁判官もいるし、強引に和解を迫る裁判官もいる。私の三〇年以上の実務経験の中で、はっきり覚えているのは二人である。しかし、それも何とか切り抜けてしまうと、まあよかろうという気持ちになってしまう。こういうところが、学者からみると、実務家はいかにもルーズだということになるのだろう。

このように、実務家が制度を便利に使っていると、制度自体の問題点は、見過ごしてしまうか、目を瞑ってしまうのである。

しかし、実務家でも、制度自体を問題にすることはある。その契機には二つあって、ひとつは、実務感覚としてもいかにも制度がおかしいと思うとき、もうひとつは、別の制度と見比べた結果当の制度の欠点が見えてくるとき、である。私はこれまで、訴訟上の和解の制度自体を問題にしたことはなかったが、この二つの契機を意識的に呼び込んで、訴訟上の和解を見た場合には、どのような問題点が見えてくるだろうか。私がここで「別の制度」と言うのは、言うまでもなく、理念型ＡＤＲのシステムを指す。

さて、その問題点は――

第一に、いったん裁判所に事件が持ち込まれること自体、不必要に司法を膨らませることになる。裁判所にとっては負担が増えるし、当事者にとっては無駄な労力が必要になる。すなわち、訴訟経済の見地からすると無駄が多いのである。

第二に、人間という動物は、いったん争うと脳の構造が争う態勢になって、和解の方向に頭を切り替えることが難しくなる。そのために、多くの時間が空費される。はじめから和解を考えているのであれば、虚心坦懐に話し合いをすすめた方がよい。その方が知恵も湧き、実りが多い。訴訟からスタートすることは、迂遠であるばかりか、最終的には到達点が低くなることが多い。

第三に、これに対しては、最終的には判決になるというバックがあるからこそ和解が可能になるのだという反論が予想される。たしかに、そのような事案もある。しかし、強制力をバックにしなければならないということは、当事者の納得の程度が浅いということにほかならない。和解は当事者の合意に基づく解決であるから、強制力をバックに和解をすすめることは、本来は望ましいことではない。

第四に、わが国の裁判官は、訴訟手続にしたがって判断権を行使するトレーニングは受けているが、調停や和解に必ずしも精通しているわけではない。当事者間の対話などをすすめて解決をはかる調停手続についてはトレーニングを受けておらず、調停や和解に必ずしも精通しているわけではない。したがって、その手法は個々の裁判官の個性と経験に委ねられていて、名人芸のような人もいれば、全くできない人もいる。

第五に、極めて実務的な問題であるが、裁判官には異動が多く、異動のときには、前の裁判官が見聞した当事者の言動を、後の裁判官が見聞していないことである。後の裁判官は、事件記録に基づいて和解をすすめることになるが、和解の席の詳細なやりとりは記録に残っていないのが普通であるから、前後の内容がちぐはぐになることが少なくない。すなわち、裁判官の異動によって和解の中身が一変し、そのために和解がうまくできなくなるのである。裁判官に異動があるということは、ADRとしては、決定的な欠陥である。

第六に、これは最も基本的なことであるが、右手には有権的な剣を持ち、左手には私的自治の飴を持つ、そしてそれを使い分けながら最善をゆくということが、ひとつの脳と心の中で可能なことであろうか。それができるという前提には、裁判官によほどの自己コントロールがなければならない。当事者にすれば、裁判官の自己コントロールに頼るしか方策がないが、全ての裁判官に、常に自己コントロールが働くという保証はない。そのような問題がある限り、制度として訴訟上の和解がよいかと問われれば、疑問が残る。すなわち、強制力を背景にした訴訟手続と当事者の合意に基づく和解手続とは、本来異質のものであるから、やむを得ない場合を除いて峻別すべきである。

訴訟上の和解には、以上のような問題があるが、トンネルじん肺訴訟の和解（二〇〇一年二月一四日付朝日新聞）に見るように、最近は、訴訟上の和解のすぐれた解決が新聞紙上に次々に報道されている。それは確かによいことであるが、もし理念型ＡＤＲが存在して、それが社会システムとして地歩を占め、人々や企業から信頼を受けていれば、いったん訴訟をして激しく争うという迂遠な道を辿る必要はないはずである。私は、訴訟上の和解はあくまでも例外とし、訴訟上の和解で解決できるような紛争ならばはじめからＡＤＲで解決する、ということを原則にすべきだと考える。そして、そのようなスケールの大きい理念型ＡＤＲを構想するときが来たと思う。

モノローグ

私がＡＤＲ機関に関わったのは、私の所属する第一東京弁護士会が仲裁センターの設立を検討するための「仲裁センター検討合同小委員会」を設置したときに、その委員長になったのが最初であるから、一九九二年のことである。以来私は、さまざまなＡＤＲ機関と関わりを持つことになった。そのＡＤＲ機関を列挙してみると――

設立に関与したのが、第一東京弁護士会仲裁センター、工業所有権仲裁センター、第一東京弁護士会住宅紛争審査会。

仲裁人または調停人として名簿に登載されているのは、第一東京弁護士会仲裁センターの他に、中央建設工事紛争審査会、東京都建築紛争調停委員会。

私は仲裁研究会のメンバーの一員であるが、その研究会の予算獲得のためにお世話になっているのが、国際商事仲裁協会、日本海運集会所。

その在り方を検討する委員会にメンバーとして参加したのが、都道府県の苦情処理委員会、消費生活センター。

このように、さまざまなＡＤＲ機関に関わったためであろうか、いや、関わったにもかかわらずと言うべきであろうか、私は、わが国のＡＤＲに何か大きなものが欠けているのではないかという気持を持つようになった。そしてやがて、ＡＤＲ全体を包み込むような大きな構想が必要ではないかと思うようになった。

そこで私はまず、わが国にもアメリカ仲裁協会（ＡＡＡ）のような民間型ＡＤＲ機関を設立したらどうだろうか、少なくともその基本設計でもしておいた方がよいのではないかと考え、一九九八年七月に、「日本仲裁協会（仮称）設立を必要とする理由書」を書いてみた。しかし、わが国におけるＡＤＲの動きを見ているうちに、そのような民間型ＡＤＲを設立する現実性は乏しいと考えざるを得なくなった。

しかし私は、その構想を発展させる必要があると考え、弁護士の仲裁事務所モデル（運営費用は当事者負担）、法人組織モデル（運営費用に基金・寄付金を導入）、公的組織モデル（運営費用に国家予算を導入）という三つのモデルを想定して、おおまかなスケッチにまとめてみた。

これらの経緯と内容は私の『紛争解決の最先端』（信山社・一九九九年）に書いたのでここでは繰り返さないが、私の好みとしては弁護士の仲裁事務所モデルに魅力を感ずるので、いずれ自分ひとりででも仲裁事務所を開設しようと考え、あれこれ構想を練っていた。

そうこうしているうちに、大東文化大学から、環境創造学部という新しい学部をつくるので、その新学部で「紛争解決」を講義をしないかという話をいただいた。「紛争解決学」を畢生の仕事と考えている私は、この話に一も二もなく承諾してしまい、その結果、二〇〇一年四月から大学の専任教授になることになった。

私は、大学に行く前にADRの抜本的改革論をまとめておきたいと考え、弁護士会の仲裁センターなどで中核的な活動をしている柏木秀一、出井直樹、本山信二郎の三弁護士に呼びかけて、「グループADR」を結成した。そして、そのグループADRは、平成一二年（二〇〇〇年）四月に、『裁判外紛争解決（ADR）の必要性に関する考察と試案――司法改革の現実的在り方』（以下、『考察と試案』という）という冊子にまとめ、発表した。

ここまでの第一章～第四章は、『考察と試案』のうちの私が担当した部分をかなり大幅に組み替え、また大幅に補足したものである。大幅に補足した部分は、主として、第三章一の「ADRの基本的理念」、同章二の「ADRの歴史的意義」、第四章三の「ADRが利用されない理由」、同章四章の「裁判所における調停制度の歴史」であるが、この他にも補足部分が随所にあるので、本書と『考察と試案』との関係を繋げることは難しいかもしれない。

そして『考察と試案』は、後述する思考過程を辿り、第五章にある「試案」をもって改革案の結論とした。本書では、『考察と試案』をほぼそのままの形で第五章に置くことにする。

さて、『考察と試案』を発表した後、私は、平成一三年（二〇〇一年）一月一二日に、司法制度改革審議会事務局が主宰する「司法制度とADR（裁判外紛争処理）の在り方に関する勉強会」（座長竹下守夫司法制度改革審議会会長代理。以下、「勉強会」という）からヒアリングを受けることになった。この勉強会は、ＡＤＲの拡充・活性化のための基盤整備、裁判所とＡＤＲの提携やＡＤＲの横断的連携、ＡＤＲに関する関係省庁等の間の連携強化を課題とし、司法制度改革審議会における今後の検討のための素材を提供することを目的とするもので、そのメンバーは、関係省庁、最高裁判所、日本弁護士連合会の各担当者である。

私は、この勉強会のヒアリングを受けるにあたって、その内容を「ＡＤＲの基本的理念と具体的方策」というペーパーにまとめた。

本書の第六章「理念型ＡＤＲの全体構造」は、そのペーパーの主要部分を組み替えて、さらに新しく内容を加え、具体化したものである。

そのペーパーにも書いたが、私はこのヒアリングの席で、「ＡＤＲを社会システムのひとつとして社会の中に位置づけるためには、裁判所における調停、訴訟上の和解を含めて、ＡＤＲ全体を総合的に改革する必要があると思います」と言い、さらに「ＡＤＲの拡充・活性化という改革をするときには、一気に理念型にするか、ＡＤＲの実情をふまえて、段階的に改革するかという問題が出てきます。私は、段階的に制度設計をするのがよいと思いますが、大切なことは、理念型のＡＤＲのイメージをつくることは可能なことですから、その最終的な姿を設計し、そこに至る時間的経過も踏まえて、すなわちその段階ごとの設計も同時にして、全体的に制度設計をすることが必要だということです。そのために、知恵を集めることが、緊急の課題であると思います」と述べた。

このヒアリングの後、私は、右の段階的制度設計、すなわち、時間的過程を踏まえた制度設計を、早くつくる必要があると思うようになった。とくに前述のとおり、私は本年四月から大学の教員になるので、その就任前に、おおまかでもよいから、段階的制度設計をしておきたいと考えた。もとよりヒアリングでも述べたように、多くの人々の知恵を集めることが肝要であるが、そのたたき台になるようなスケッチを書いておけば、後の議論のために何かの役に立つかもしれないと思ったのである。

そのような気持で書くのが、第七章「段階的改革案」である。

したがって、この第七章のほとんどは、本書ではじめて発表するものである。第六章までの各章は、新しく補足した部分もあるが、大筋においてこれまで私が発表したことを内容としている。それらを集約して、第七章の改革案がようやく芽を出したのだと理解していただければ、私が本書を書いた目的がお分かりいただけるものと思う。

ここで話を戻して、「試案」に至るまでの思考過程を辿ってみることにしたい。なぜならば、ここでいきなり「試案」を示せば、その結論に到達した理由を理解することが難しいと思われるからである。

したがって、まず問を設定して、そこから得た答えを押さえてその次のステップに移るという方法を採用することによって道筋を絞り込み、「試案」に登りつめてゆくことにする。設定した問とその答え＝「試案」に至る思考過程は、以下のとおりである。ただし、その理由づけは、これまで述べたことの中にすでに入っているので、新たに述べる部分以外は簡潔に書くことにする。

第一に、裁判所における調停制度や訴訟上の和解を改革することで、ADRを必要とするニーズにこたえることは可能か。またその方法は望ましいか。

この設問については、「否」である。

根本的な問題として、裁判所におけるADRは、それが司法に取り込まれているために、私的自治の原則とは矛盾する部分がある。すなわち、裁判所における調停制度や訴訟上の和解には内在する問題が多く、当事者の合意による解決というADR本来の利点を生かし切れない。また、現実問題としても、裁判所は量的に飽和状態である。

第二に、わが国のADRは、このままの姿で充実、発展させることができるか。

この設問については、「極めて困難」というのが結論である。

ADRを充実、発展させるためには、相当の資金が必要になる。例えば、事務局ひとつをとってみても、その充実のためには多額の財源が必要であるが、事件数の増大等に伴なう事務局充実の財源を確保できるADR機関は、わが国にどれだけ存在しているであろうか。因みに弁護士会の仲裁センターの多くは、事務局員の人件費を当事者からいただく手数料で賄うことができず、弁護士会が負担しているのが実情である。ADRの充実、発展のために必要なものは資金だけではないが、資金問題ひとつだけをとってみても、わが国のADRをこのままの姿で充実、発展させることは、「極めて困難」と言わざるを得ない。

したがって、わが国のADRが真にニーズにこたえることができるほど充実、発展するためには、何らかの抜本的な施策が必要である。

第三に、アメリカ仲裁協会（AAA）のような日本仲裁協会（仮称）をつくれば、それがニーズにこたえ、発展する可能性があるか。

この設問については、このままの状態で日本仲裁協会（仮称）を設立しても、アメリカ仲裁協会のように大きな展開をするのは「難しい」、という答になる。

その理由はいろいろあるが、わが国では、費用が安い裁判所における調停や訴訟上の和解で扱う件数が圧倒的に多いので、唐突に新たなADR機関を設立しても、資金的に裁判所におけるADRに太刀打ちできないことが挙げられる。またわが国では、企業間の紛争を第三者機関で解決することが少ないので、ADR機関の財政的な基盤を確立することが困難である。

第四に、個別専門分野ごとにADRをつくって、ニーズにこたえる方法はどうか。

この設問については、「消極」である。

これまで個別専門分野ごとのＡＤＲは数多くつくられたが、一部の例外を除けばあまり利用されていない。しかも、個別専門分野ごとのＡＤＲを設立したり、運営したりするために、莫大なエネルギーや費用を費やしている。ボランティアによって投入されたエネルギーを加えて、一度費用対効果を算出してみる必要がある。これは私の推測であるが、わが国の個別専門分野ごとのＡＤＲについては、費用対効果のうえでは、費用の方が圧倒的に大であろう。そのようなことでは、制度として長続きしない。

したがって、これだけでは現行制度の延長に過ぎず、不十分である。それよりももっと抜本的な解決法が必要である。

第五に、仮に、裁判所で扱っている調停事件、訴訟上の和解事件の多くをＡＤＲ機関に移管する制度ができたとすれば、現存するＡＤＲがそれに対応できるか。

この設問についても、「否定的」である。

裁判所におけるＡＤＲを除けば、わが国の現存のＡＤＲ機関は規模が小さく、一〇倍、一〇〇倍の紛争に対応することは、とうていできない。

第六に、新たなＡＤＲを設立して、裁判所で扱っている調停事件、訴訟上の和解事件を制度的に移管する方法はどうか。

この方法は不可能ではないであろう。いや、これこそ現実的、創造的な方法ではないだろうか。この方法を認識することによって、抜本的かつ創造的な「試案」を組み立てることができるのではないだろうか。

以上の思考過程を経て辿り着いた「試案」を次章に明らかにしたい。

第五章　試　案

一　試案の内容

「試案」とは、以下の三つの柱で組み立てられている提言である。その主柱は第一の柱であり、第二、第三の柱は、第一の柱を実施に移すための具体的な方策である。

第一の柱…新しいADR機関を設立して、現在裁判所で扱っている調停事件、訴訟上の和解事件の多くを新設ADR機関に移管する。すなわち、裁判所で扱っている民事訴訟と調停・和解の仕事を二つに分割して、後者を新設ADR機関に移すという、いわば裁判所職務の分割案である。

（補足説明）　訴訟上の和解を禁ずるものではないが、裁判所では原則として和解を行わないこととし、訴訟は、①一〇〇対ゼロの黒白をつける必要がある事件、②法令の新解釈が必要な事件、③先例的な基準をつくる事件、④執行力が必要な事件、⑤当事者が強く訴訟を望む事件に特化し、本来の姿に戻す。

新設ADR機関では、調停も仲裁も行うこととし、裁判所から移管される事件ばかりではなく、これまで第三者機関に持ち込まれていなかった紛争についても、当事者がアクセスのしやすいものにする。

裁判所から新設ADR機関に移管する事件の種類については、慎重に検討する必要があるが、例えば、次のようなことが考えられる。

ア　地方裁判所に事件振り分けの専門官を置いて、受付段階で前記①〜⑤に該当しない事件は新設ADR機関に移送する。これは、当初は手間がかかるであろうが、新設ADR機関が人々に知られ、社会に定着すれば、当事者自身が機関の選択を適切にするようになるであろう。

イ　現在地方裁判所で扱っている借地非訟事件その他の非訟事件は新設ADR機関に移管する。

ウ　離婚訴訟事件は原則として家庭裁判所の審判事件とし、現在家庭裁判所で扱っている離婚調停事件その他の調停事件は、新設ADR機関に移管する。

エ　簡易裁判所の訴訟事件、調停事件は、強制力を必要とする事件と必要としない事件とに分け、後者を新設ADR機関に移管する。

以上により、裁判所の負担は大幅に軽減するはずである。裁判所が過剰・大量事件数の桎梏から解放されれば、新設ADR機関と相俟って、紛争解決システムの容量が増大し、人々や企業のニーズにこたえることが十分に可能になると思料する。

第二の柱…全国の地方裁判所・同支部、家庭裁判所・同支部、簡易裁判所の所在地に、ADR機関

を新設するための委員会を設け、調停人・仲裁人などの人員の確保、物的施設の準備等について、三年を限度として具体的な立案をし、遅くとも三年後には実施に踏み切る。

（補足説明）　委員会の構成については、これが裁判所職務の分割案である以上、裁判官が重要な役割を担うことは当然であろう。しかし、新設ＡＤＲの仕事の本質が私的自治にあるのだから、弁護士などの法曹のみならず、さまざまな専門分野の人々や一般市民の参加を期待したいものである。

なお、調停人、仲裁人については、事件の種類や数を分析、シミュレーションして、職業調停・仲裁人（常勤）とパートタイマー調停・仲裁人（非常勤）別に具体的に人選する必要がある。また、専門家の参加を考慮に入れて立案するとともに、重要な役割を果たす事務局の構成も十分に検討すべきである。

物的施設としては、使用されていない学校やビルディングなどを利用することも一案であろう。

注意すべきことは、「分割案」という言葉から、旧国鉄の分割を連想して誤解しないことである。「裁判所職務の分割案」と言っても、赤字解消を狙ったものではない。あくまでも、訴訟で解決すべき紛争は裁判所へ、ＡＤＲで解決すべき紛争はＡＤＲ機関へという、本来の姿を制度のうえで現実化しようという試案であるから、事情も内容も旧国鉄の分割とは全く異なる。この試案は、一見ドラスチックであるが、精神はマイルドなのである。とにかく疑心や偏見を排除して、落ち着いた気持ちで制度設計したいと考える。

なお、「三年を限度」ということは、三年を待たずに実施できるところがあれば、早期に実施に踏み切るということである。また、暫定措置として、現行制度に若干手を加えて（例えば手数料の定めを調整する）、裁判所から既存のADR機関へ事件を移送するプログラムを作成し、先行的に試行することも考えられる。

第三の柱…調停人、仲裁人のトレーニングについては、ただちにプログラムを作成して、全国的規模で実施する。

（補足説明）新設ADRの成功の鍵は、もっぱら調停人、仲裁人などの人的スタッフの質にかかっていると言っても過言でない。ところが、裁判官、弁護士の法曹でも、調停人、仲裁人としてトレーニングを受けた経験がある人は皆無と言ってよい。みな我流でやっているのである。法曹といわれる人ですらそうであるから、その他の専門家も一般人もトレーニングを受ける機会はほとんどないか、極めて不十分であったと言える。しかし、前述のとおり、調停技法は進歩しているのであるから、ただちにプログラムを作成して、トレーニングを実施し、三年後の新設ADR機関の立ち上げの時点には、十分トレーニングを積んだスタッフを揃えてスタートを切りたいというのが、第三の柱の趣旨である。

二　試案を実施するうえでの前提問題と留意事項

「試案」は、司法制度改革の現実的在り方を示唆するばかりか、いわば「この国のかたち」を変える可能性を秘めているから、これを実施するにあたっては、多くの前提問題や留意事項がある。このことに関しても、多くの人々の知恵を借り、衆議によって決するべきではあるが、今現在気になっている事項を箇条書き的に列挙しておきたい。

第一に、新設ADR機関の設立、運営の財源であるが、当事者からの手数料収入を見込むとしても、当面はその大部分を公的資金に拠らざるを得ないであろう。将来的には、一般からの寄付金の受け入れや、会員制を導入して会費を集めることも考えられる。また、保険制度（任意保険あるいは社会保険）のようなシステムをつくることも検討に値しよう。

第二に、新設ADR機関を民間のものにするか、国あるいは地方自治体のものにするかは、衆議によって決めるべきであるが、運営は「自治」を旨としたい。ADRの本質は私的自治にあるからである。人々や企業に「自分たちの紛争解決機関」という意識が広まり、みずから運営するところに到達すれば、それが最もADRにふさわしい。そのような長期的な目標を見据えておくことが大切であると思われる。

第三に、裁判所との連繋が重要なポイントである。これについては、多くの前提問題や留意事項があるが、以下に列挙してみよう。

ア　裁判を受ける権利（憲法三二条）を侵害しないことである。この点については、具体的な立法上の手当などが必要であろう。

イ　当事者が支払う手数料については、特別の配慮が必要である。新設ADR機関の手数料は現在の裁判所の手数料と同等のものにしなければならないであろう。そして、裁判所から新設ADR機関に事件が移送されるときには、新設ADR機関の手数料を無料とし、新設ADR機関から裁判所に事件が移るときには、裁判所の手数料から新設ADR機関に支払った分を控除するなどの配慮が必要である。場合によっては、両者間で費用の精算をする必要があるかもしれない。

ウ　新設ADRで成立した調停（和解）や仲裁判断について、債務名義を取得すること、強制執行を可能にすること、保全手続を組み合わせることは、裁判所との連繋のうえで、重要な課題になる。

第四に、既設のADRとの関係にも留意しなければならない。既設のADRのうちで、合併にふさわしいものは合併し、例えば国際商事仲裁協会のような社会的地歩が確立しているADRとは、連繋、協力をする。なお、ADRを必要とする理由として、社会が国際化したこともよく挙げられることであるが、新設ADR機関が、海外のADRと連繋することも視野の中に入れておきたい。

第五に、新設ADRの発足に伴って、関連法令の整備、調整、改正、立法が必要になる。そのうちで、ひとつだけ特記しておきたいことは、ＡＤＲ手続への申立てを時効中断事由とすることである。なお、前述のとおり、仲裁法の改正が俎上に乗っているが、新設ＡＤＲ機関の設立を予定して、仲裁法の立法作業に適切な働きかけをする必要も出てくるであろう。

第六に、各種のＡＤＲの中心的機関として、大学等の教育機関との連繋、情報の収集・提供、研究・研修、解決例の収集・分析、調停人・仲裁人・専門家の確保、渉外事務などを総合的に行うことができるようにしておきたい。

第七に、最後の締めくくりになるが、新設ＡＤＲの手続的・実体的公正性や中立性をいかに確保するか、ということについて、徹底的に不断の努力をすることが肝要である。そこに行けば公正な調停人、仲裁人などのスタッフがいて、紛争が納得のゆく手続のもとで解決する——そのようなＡＤＲが全国各地に存在し、地域に根ざして育ってゆけば、「この国のかたち」は、ほんとうに変わってしまうであろう。

まだまだ前提問題や留意事項はあるだろうが、これから先は、衆議の赴くところに従いたいと思う。いずれにせよ、多くの前提問題や留意事項をひとつひとつクリアして制度設計をすることが肝腎であって、その基礎のうえにこの「試案」の三つの柱が立っていることを指摘して、この試案の章の結びとしたい。

第六章　理念型ＡＤＲの全体構造

一　理念型ＡＤＲの構想と名称

前章で提示した「試案」の主柱は、新しいＡＤＲ機関を設立して、現在裁判所で扱っている調停事件、訴訟上の和解事件の多くを新設ＡＤＲ機関に移管するという、いわば裁判所職務の分割案であるが、「試案」では、その新設ＡＤＲを最初から設立するのか、それとも既設のＡＤＲを改造するなどして徐々につくるのかということについては、態度を明示しなかった。

また、「試案」に言う「新設ＡＤＲ」は、当然第三章で述べた「理念型ＡＤＲ」を念頭に置いていたが、「試案」の段階ではまだ「理念型ＡＤＲ」をはっきりと打ち出していなかった。「理念型ＡＤＲ」について明確にしたのは、司法制度改革審議会事務局が主宰する勉強会のヒアリングの席で述べたのが最初である。

以上のことから、「試案」に言う「新設ＡＤＲ」は、今となれば、はっきり「理念型ＡＤＲ」を指していると言うことができるので、「試案」は結局、現在裁判所で扱っている調停事件、訴訟上の和解事件を移管するところとして、「理念型ＡＤＲ」をつくることを想定していることになる。

最終的な姿として「理念型ＡＤＲ」を想定するとしても、問題になるのは、それを最初から一気につくるのか、既設のＡＤＲ機関を改造するなどして徐々につくるのかということである。

私は、前述のヒアリングの席で述べたとおり、一気に理念型ＡＤＲをつくるよりも、段階的に制度設計をする方がよいと考えている。すなわち、最初に「理念型ＡＤＲ」を想定して、そこに至る段階ごとの設計も同時に行い、最終的に想定していた「理念型ＡＤＲ」と一致させる方法が、もっとも現実的でかつ堅実であると思う。

では、その改造の対象となる既設のＡＤＲは、何がよいであろうか。

私は、地方裁判所、簡易裁判所、家庭裁判所における調停がよいと思っている。

第四章**五**で述べたとおり、わが国の裁判所における調停制度は、日本全国に布置されていて、人的配置、物的施設が備わっている。また、国家予算で運営されているので、費用が安く当事者が利用しやすい。そして、公正性、中立性が高く、信頼が厚い。この裁判所における調停制度に匹敵するＡＤＲ機関は、わが国に存在しない。

したがって、私の改革案は、裁判所における調停制度を段階的に改造して、最終的に「理念型ＡＤＲ」にしようという提案である。すなわち、ひと言で言えば、裁判所における民事調停制度改革案であり、本書のタイトルを『民事調停制度改革論』とした理由はここにある。

本章では、その最終的な姿をイメージするために、想定する「理念型ＡＤＲ」の全体構造を示し、次章で、段階ごとの改革案を提示したいと考えるが、いずれも概要程度のスケッチに過ぎない。前にも述べたように、本書に書くことは、あくまでもたたき台程度のものであり、本来は衆知を集め、衆議に従うべきものであるから、私の役回りとしては、その程度にとどめておきたいのである。

ところで私はこれまで、裁判外紛争解決に「ＡＤＲ」という言葉を当てていた。その意義については第一章一で述べたとおりであるが、「ＡＤＲ」という言葉にぴったり当てはまる日本語がないのは、実は大きな問題なのである。私は、そのことがＡＤＲの普及の妨げになっているのではないかと思っているほどである。

しかし、本書は「理念型ＡＤＲ」をつくろうというところまで、話がすすんできたのである。すなわち、「理念型ＡＤＲ」をイメージするとき、どのような看板を懸けるかという問題が出てきたのである。「ＡＤＲ」全体に置き換わる日本語は難しいとしても、理念型ＡＤＲ機関を示す日本語なら、適当なものがあるのではないだろうか。

この場合大切なことは、新設の「理念型ＡＤＲ機関」では「仕事」として何をするか、ということを決めることである。考えられるのは、あっせん、調停、ミーダブ、仲裁などであるが、私は、ミーダブ、仲裁は必ず入れるべきであると考える。ミーダブ、仲裁は、もともと私的自治の理念から生まれたものであり、これを欠けば理念型ＡＤＲにならないからである。

このことを前提として、さて「理念型ＡＤＲ機関」にどのようなネーミングすればよいだろうか。まさかわが国の機関に「ＡＤＲ」という看板を懸けるわけにはゆかないであろう。それに「ＡＤＲ」という言葉は、わが国では普及しておらず、弁護士でさえ知らない人が多いのであるから、一般の人々には何のことだか分からないであろう。さりとて「裁判外紛争解決機関」というのでは長すぎるし、だいいち裁判所とは別の紛争解決システムでありながら、「裁判」を意識したネーミングをするのは、私としては気がすすまない。

実はこのことは、弁護士会にＡＤＲを設立するときにも悩みの種になり、どこの弁護士会でも激論を交わすのである。そしてその結果、統一した名称はなく、「仲裁センター」（第二東京、広島、第一東京、岡山、京都）、「示談あっせんセンター」（埼玉）、「あっせん・仲裁センター」（東京、横浜、名古屋、岡崎）、「法律相談センター」（新潟県）、「民事紛争処理センター」（大阪）、「紛争解決センター」（兵庫県）と、じつにバラエティに富むのである。

私は、全国の裁判所に「裁判所」という看板が懸けられているように、端的で分かりやすく、短いネーミングがよいのではないかと思っている。そして、裁判所と並ぶ紛争解決の車の両輪である姿勢が明確になるものにしたい。

だとすれば、その仕事と目標に着目して、「和解仲裁所」というところだろうか。

あっせん、調停は「和解」を目標とし、また「和解」の語は、和解に至る過程をも指すことがあるので、これらを全部包含することができる。「仲裁」はそれ自体として意味は明瞭である。ミーダブは、調停と仲裁を結合したものであるから、「和解仲裁」の言葉にぴったりである。あっせん、調停、ミーダブ、仲裁以外のメニューを将来揃えるとしても、たいていは「和解」と「仲裁」の変形か、「和解」を目標にするものであるから、「和解仲裁」に収まるだろう。したがって、この名称は、正確度が高い。なお、「和解・仲裁所」とすることも考えられるが、それは趣味の問題である。

もちろん、「和解仲裁所」というネーミングには異論もあるだろうが、これもたたき台であるから、いずれ衆知を集めて決定すればよいことである。しかし、ここでネーミングをしておくと、「理念型ＡＤＲ」を具体的にイメージすることができるし、これから先の話がしやすい。したがって、本書では、これから先は、特別のことがない限り、将来つくるべき「理念型ＡＤＲ」に対して、暫定的に「和解仲裁所」という名称を使うことにする。

二　和解仲裁所の規模

和解仲裁所の規模について、明確なイメージをつくっておこう。

訴訟とＡＤＲは司法の車の両輪ではなく、紛争解決の車の両輪であるということは前述したが、紛争解決のための車の両輪であるならば、和解仲裁所は、裁判所と同規模のものでなければならない。また、現実に裁判所に比肩する規模が必要である。

これは、端的に数字上にあらわれている。

第一章四の年間事件数を見てみよう。

民事訴訟の五二万三〇〇〇件は、最高裁判所、高等裁判所、地方裁判所、簡易裁判所の全裁判所の民事・行政事件の新受件数であるが、裁判所には上訴があるので、事件単位でみると、重複しているものがある。また、地方裁判所と簡易裁判所の事件の約三分の一は欠席判決であるから、実質的に手数がかかる事件は、この数字よりかなり少ないとみるべきである。問題は、訴訟上の和解をどのように数えるかであるが、地方裁判所と簡易裁判所の事件の約三分の一は訴訟上の和解で解決しているから、この多くを和解仲裁所で扱うとすると、相当数の事件を減ずることができるはずである。極めておおざっぱな計算になるが、上訴によって二度以上計上されているものを一件として計算し、欠席判決、訴訟上の和解の事件を除けば、実質的に争われる事件数は、多くても一五万件程度ではないだろうか。

これに対し、民事調停は二六万四〇〇〇件、家事調停は一〇万九〇〇〇件で、合計事件数は三七万三〇〇〇件である。地方裁判所と簡易裁判所における訴訟上の和解事件のうち一〇万件を和解仲裁所で扱うとしてこれに加えれば、全部で四七万三〇〇〇件になる。

この段階で裁判所は約一五万件で、和解仲裁所は約四七万件である。しかし、裁判所には、通常事件の他に、非訟、督促、民事保全、民事執行、破産、会社更生などの事件がある。これを考えれば、和解仲裁所で四七万件の事件を扱うようになっても、裁判所は多忙であろう。

ところで、前章では、裁判所から移管する事件の種類について言及した。重複するが、ここにもう一度書いてみよう。ただし、前章で「新設ＡＤＲ機関」としたところを「和解仲裁所」の語に入れ替えることにする。

ア　地方裁判所に事件振り分けの専門官を置いて、受付段階で訴訟に適した事件（第五章一に記載した①〜⑤に該当する事件）以外の事件は和解仲裁所に移送する。これは、当初は手間がかかるであろうが、和解仲裁所が人々に知られ、社会に定着すれば、当事者自身が機関の選択を適切にするようになるであろう。

イ　現在地方裁判所で扱っている借地非訟事件その他の非訟事件は和解仲裁所に移管する。

ウ　離婚訴訟事件は原則として家庭裁判所の審判事件とし、現在家庭裁判所で扱っている離婚調停事件その他の調停事件は、和解仲裁所に移管する。

エ　簡易裁判所の訴訟事件、調停事件は、強制力を必要とする事件と必要としない事件とに分け、後者を和解仲裁所に移管する。

以上は、おおまかな基準であり、なお慎重に検討を要するが、これまで述べたことを総合すると、和解仲裁所の規模は、地方裁判所の規模にほぼ並ぶものになるのではないだろうか。

したがって、わが国の紛争解決システムは、一方の車輪として最高裁判所、高等裁判所、地方裁判所、簡易裁判所、家庭裁判所、もう一方の車輪として和解仲裁所という構造になる。前者は司法機関であるが、後者は私的自治に基づく紛争解決機関である。そして、規模の大きい和解仲裁所ができることによって、司法機関は相当スリム化することができ、同時に本来の司法らしさが生きてくるであろう。

二 和解仲裁所の規模

和解仲裁所は、社会システムのひとつとして、社会の中に地歩を占め、人々や企業のニーズにこたえなければならない。したがって、社会システムとして設計する以上、応急的、場当り的につくらないことである。また、できることを小出しにしないことが肝要である。例えば、工場所有権仲裁センターは、当初、日本弁護士連合会の意向で特許四法の事件に限るとしていたが、そのようなやり方では利用されない。

すなわち、和解仲裁所は、全国を覆い尽くすようにつくらなければならない。そして、扱う事件の種類も網羅的にすべきである。ADRはよくクロネコヤマトの宅急便に譬えられるが、創立者の著書『経営学』(小倉昌男著、日経BP社・一九九九年)を読めば分かるように、全国隈無くなめ尽くすように配車し、しかも次々に新しいバージョンを重ねている。

なお私の構想では、和解仲裁所は、簡易裁判所、家庭裁判所の改革からスタートするのであり、これはすでに存在している全国組織であるから、この点の実現性は保証されている。

以上により、和解仲裁所の規模の問題だけをとってみても、裁判所における調停制度の改革から着手することが現実的であることは、明らかである。

三　和解仲裁所の内部組織

和解仲裁所の内部組織については、裁判所に匹敵する規模で、調停、仲裁（あっせんは「調停」に含むものとし、ミーダブは調停と仲裁の結合とするので、再び以前に戻って、「調停」「仲裁」の語に絞ることにする）を行うのであるから、それにふさわしい陣容にしなければならない。

まず、和解仲裁所の内部組織を検討する前に、裁判所の組織を見ておこう。

裁判所の場合は、各裁判所の裁判官会議の議によって司法行政事務を行い、長官・所長がこれを総括することになっている（裁判所法一二条、二〇条、二九条、三一条の五）。そして、実際の訴訟等は独立の裁判官が執り行い、それを事務局が補佐するという形になっている。しかし現実には、最高裁判所事務総局人事局が裁判官の人事を掌握しているので、ヒエラルヒー化が著しくなり、最高裁判所を頂点とするピラミッド型の司法行政が確立されている。そして、その問題点が指摘されている。

三審制をとっている裁判所が最高裁判所を頂点とするピラミッド型の組織を持っていることは、憲法上の要請でもあり（規則制定権につき憲法七七条一項、下級裁判所の裁判官の指名につき憲法八〇条一項）、理由がないことではない。しかし、和解仲裁所の和解、仲裁判断は、一回が原則で、上級の和解仲裁所に不服を申し立てる制度はない。仲裁に例をとれば、仲裁の基本は、仲裁人の仲裁判断に従うという仲裁合意にあるのだから、その一回限りの潔さを失えば、仲裁の妙味は減殺されるというべきである。この一回制に危険性を感じて仲裁を敬遠する人もいるし、非拘束的仲裁を採用する機関もあるが、和解仲裁所としては、一回制の原則を打ち立て、訴訟との違いを明確にした方がよいと、私は思っている。

この一回制の原則は、和解仲裁所の内部組織を考える際に、重要なポイントとなる。

和解仲裁所の内部組織の骨組みは、①運営の方針や調停人、仲裁人の任用などの意思決定をする組織、②事務を執り行う事務局組織、③実際の調停や仲裁を行う調停人、仲裁人、ということになるが、もとより、同一人がその二つ以上を兼ねてもよいだろう。

ここで、形のうえで大切なことは、それぞれの和解仲裁所が独立していること、すなわち、ピラミッド型の上下関係がないことである。そして、裁判所におけるようなキャリアシステムもなければ、官僚機構もない。また、原則として異動もなければ、昇進もない。

和解仲裁所は、私的自治の原則のうえに成り立っており、私的自治は地方自治に通ずるから、和解仲裁所は地域によって育てられると同時に、和解仲裁所によって地域をよくするものでなければならない。したがって、いずれ異動してしまうような調停人、仲裁人は地域になじまず、和解仲裁所のよさが発揮できないのである。

これは、当事者が調停人、仲裁人を選択できるシステムを導入することと結びついている。その地域に何某という名調停人、名仲裁人がいて、いざというときにその人に調停、仲裁をしてもらえば、難しい紛争が解決するということを、地域住民が誇りにするようになることが理想的なのである。

もとより、和解仲裁所間に人事交流や相互協力があってもよい。しかし、和解仲裁所においては、上部機関が存在して人事権を掌握されるようなことがあってはならないし、それによって異動が行われることがあってもならない。また、その必要性もない。

さらに、昇進についてであるが、和解仲裁所の調停人、仲裁人は、相当な経験を積んだ人が選ばれるから、その年齢層は高くなる。そして、合議制の意思決定機関の決定によって運営すればよいのであるから、行政事務の役割分担は必要だとしても、上下関係は必要がない。したがって、そもそも昇進という概念自体が出てこない。

そして、内容のうえで大切なことは、調停人、仲裁人に人を得ることである。すなわち、調停人、仲裁人の仕事は、その和解仲裁所の中で完結していなければならないから、調停人、仲裁人には、裁判官以上の能力、識見、判断力を必要とする。例えば、とくに仲裁人は、一回限りの仲裁判断でことは決まってしまうのであるから、上級審で審査してもらうチャンスがある裁判官より厳しい判断力が必要とされるのである。

したがって、和解仲裁所の内部組織は、その要請にこたえるだけの力量を備えることが必要である。

以上を前提として、私が現在考えている内部組織は、以下のとおりである。

まず、①の運営の方針や調停人、仲裁人の任用などの意思決定の組織としては、各和解仲裁所に運営委員会を設ける。そして、その運営委員会の構成については、次の二案がある。

第一案は、後に述べる常勤の職業調停人・仲裁人、事務局代表、地元裁判所の裁判官、地元弁護士会の弁護士、地方自治体の代表、不動産鑑定士・司法書士・土地家屋調査士・公認会計士・弁理士・行政書士・社会保険労務士（以下、併せて「関連士業」という）の中からの代表、医師・歯科医師・建築士・技術士・臨床心理士などの専門業種（以下、併せて「専門職」という）の中からの代表、地元団体の代表、地元市民の代表などで、運営委員会を構成する。

第二案は、運営委員会の委員は、和解仲裁所内部の調停人、仲裁人、事務局員のみとし、運営委員会以外に、地元裁判所の裁判官、地元弁護士会の弁護士、地方自治体の代表、関連士業の代表、専門職の代表、地元団体の代表、地元市民の代表などで構成する諮問機関あるいはチェック機関を別に設けて、重要事項についてはその機関の意思に従うかチェックを受ける。

次に、②の事務局体制であるが、これは強力な事務局をつくるということに尽きる。

事務局は、事件の受付け、当事者に対する制度の説明、事件の配填、書類の作成、事件の立ち会い、期日の設定、記録の作成・記録の保管等々、調停や仲裁が円滑に行われるようにありとあらゆる事務を執り行わなければならない。すなわち、事務局職員は、和解仲裁所をささえる土台なのである。

それらの事務だけでなく、ときには当該の調停や仲裁に関して、調停人、仲裁人に意見を述べたり、情報を提供する必要がある。また、当事者からフィードバックされる調停人、仲裁人の評判をキャッチし、適切な方法で運営委員会に提供することを制度化することも考えられる。このような重要な役割を制度化するのであれば、弁護士などの有資格者を事務局員に配置する必要があるかもしれない。因みに、ICC国際仲裁裁判所の澤田壽夫副所長から直接聞いたことであるが、ICC国際仲裁裁判所の事務局には弁護士である多数の法務主事（カウンセル）がいて、毎朝スタッフミーティングが行われ、そこで事務局長が指示を与えたり、法務主事がそれぞれ担当事件の問題について報告する。これはICC国際仲裁裁判所が公正均質なサービスを提供するのに役立っている。

もとより、和解仲裁所には代表者が必要であり、その代表者が事務局を統括し、対外的な責任者になるが、その代表者は運営委員会の互選によって決定すべきであって、数年ごとの交代制が望ましい。したがって、実際に運営し、管理するためには、事務局の中に有能なスタッフが必要である。

そのことを含めて強力な事務局が必要であると述べたのであるが、和解仲裁所は、裁判所の調停制度の改革からスタートするのであるから、スタートの段階では、裁判所の組織変更と人事異動でほぼ足りると思われる。すなわち、現在の裁判所における調停を担当している書記官、調査官等の事務局スタッフは、ほぼそっくり和解仲裁所の事務局担当に異動すること。したがって、当然のこととして、それまでの労働条件、勤務条件は保障されなければならない。また、組織変更に伴って、事務局員の補充が必要なときは、適宜補うこととする。

さて、③実際の調停や仲裁を行う調停人、仲裁人であるが、最初に決めるべきことは、その和解仲裁所には、必ず職業調停人、職業仲裁人を配置することである。

和解仲裁所を裁判所に匹敵する規模にするのであれば、職業裁判官が裁判所に配属されているのと同様に、職業調停人、職業仲裁人が和解仲裁所に配属されるべきことは当然である。そして、職業調停人、職業仲裁人は、裁判官と同様の身分保障が必要であり、また、裁判官と同様の守秘義務などの義務を負わなければならない。なお、和解仲裁所では、全員職業調停人、職業仲裁人でなくてもよいであろう。パートタイマーの調停人、仲裁人との混成組織の方が、現実的でよいかもしれない。それは、その地域の事件数、事件の種類、調停人、仲裁人の職業や専門に応じて、運営委員会で決めればよいことである。

なお、現在の裁判所における調停制度のように、一人の裁判官、二人のパートタイマーの調停委員という構成は改めるべきである。すなわち、原則として、一人の単独または三人の合議体とし、その責任の所在を明確にしなければならない。したがって、その一人または三人体制のときに、職業調停人、職業仲裁人が何人必要かということが問題になる。この場合、現在の裁判官のように、たまにしか顔を見せないという制度は廃止して、常時同席とすることが当然の前提になる。

では、どういう人が調停人、仲裁人になればよいのであろうか。

まず、裁判官。

訴訟上の和解で解決するような事件をはじめから和解仲裁所に移管する制度にすれば、これまで専ら民事訴訟を担当していた第一審の裁判官は、事件数がほぼ二分の一になるはずである。しかし、民事訴訟担当の第一審裁判官の二人に一人を、和解仲裁所に異動することには無理があるだろう。仕事量のうえでは、判決書を書く手数だけでも、訴訟の方が和解よりも手間がかかることは確かだからである。また、裁判官の中には、調停、仲裁に向いていない人もあるだろう。したがって、民事訴訟担当の第一審裁判官のうち、四人に一人程度の割合で、希望を募り、適性をはかって、和解仲裁所に異動するというのではどうだろうか。もとより、この場合は、全員職業調停人、職業仲裁人になるのであるから、裁判官と同様の身分保障がされることは当然であるが、裁判所に残る裁判官の仕事量を、その機会に削減させる必要があると思う。

次に、現職の調停委員。

私は、スタートの段階では、全員が調停人、仲裁人に残ればよいと考えている。

しかし、和解仲裁所では、一人の単独か三人の合議制の調停、仲裁となるので、単独や仲裁は荷が重いという人もいるだろう。したがって、現在の調停委員は、トレーニングをしっかり受けることが必要であるが、その希望と適性に従って、常勤の職業調停人、職業仲裁人とパートタイマーの調停人、仲裁人に分ける必要があると思われる。

そして、弁護士。

わが国では、弁護士は一方当事者の代理人になるのが普通で、調停、仲裁を職業とする弁護士は皆無である。しかし現在でも、弁護士の調停委員は多数存在する。

和解仲裁所ができたときに、弁護士が調停人、仲裁人になる道は、いろいろ考えられる。

まず第一は、現在と同様に、現役の弁護士が、そのままパートタイマーの調停人、仲裁人になることである。

第二は、裁判官を退職した弁護士が、調停人、仲裁人になる場合である。和解仲裁所の調停人、仲裁人には定年制が設けられることが考えられるが、調停人、仲裁人には豊富な経験が要求されるから、裁判官の定年よりも、定年は長い方がよいであろう。例えば、第一東京弁護士会仲裁センターでは、故坂井芳雄元名古屋高等裁判所長官が、七五歳を過ぎても、名仲裁判断を出したり、運営委員会の委員となられたり、さまざまな活躍をされていた。しかし現在では、裁判官出身の調停人、仲裁人はみなパートタイマーである。

第三は、弁護士から、職業調停人、職業仲裁人になる道である。わが国には、プロの調停人、プロの仲裁人は皆無であるが、今後は弁護士の中からプロの調停人、仲裁人が輩出してもよいし、また、その方が望ましい。この道が拓かれれば、和解仲裁所において、法曹一元が実現される。また、法曹一元をはじめから睨んで、和解仲裁所の制度設計をすることも考えられるのである。さらに現実的なことになるが、現在司法制度改革審議会で協議されているように、将来法曹人口がふえるとすれば、多様な就職先が求められるであろう。その就職先として、職業調停人、職業仲裁人があるとすれば、弁護士に新たな道が拓かれると思う。

さらに、関連士業と専門職。

現在の裁判所における調停委員をみると、不動産鑑定士、司法書士、税理士、医師・歯科医師、建築士、土地家屋調査士、公認会計士、行政書士となっている。和解仲裁所を充実させるためには、これらの関連士業、専門職に負うところが多くなるであろう。また、この外に、弁理士、社会保険労務士、技術士、臨床心理士などが、調停人、仲裁人として参画する必要がある。

なお、関連士業と専門職から調停人、仲裁人を選ぶ場合に、その地域の事件数にもよるが、その中から常勤の職業調停人、職業仲裁人が必要となるであろう。

例えば、知的所有権の事件が多い和解仲裁所では、弁理士資格のある職業調停人、職業仲裁人が必要である。知的所有権の事件はとくに秘密を要するので、他の企業の代理人となるような調停人や仲裁人に重要な秘密を打ち明ける気持になれないことは、容易に想像できることである。もっと卑俗な言い方をすれば、時給一万円前後のパートタイマーの調停人、仲裁人に、何十億円の秘密を打ち明けることはちょっと考えにくい。実質的に公正性、中立性を守るから大丈夫だと言い、事実そのとおりだとしても、形式的公正性、中立性がなければ、当事者から真の安心は得られないと思う。すなわち、身分保障をされ、他の仕事をしない調停人、仲裁人が、和解仲裁所には必要なのである。したがって、リタイアした弁理士や他の仕事をしない技術士などを職業調停人、職業仲裁人に迎えることを、和解仲裁所の構想の中に入れておきたい。

このことは、医師・歯科医師の場合も同様である。調停人、仲裁人が自分が所属する職業団体を擁護するようなことをすれば、たちまち和解仲裁所は人々から信を失うであろう。したがって、現役の医師・歯科医師を調停人、仲裁人にすることには若干の問題がある。このネックをクリアするためには、やはり常勤の職業調停人、職業仲裁人が必要になる。

これらの例に限らず、公正性、中立性を確保し、秘密を保護するためには、その出身母体から独立し、党派性を排除することが肝要であり、そのためには、職業調停人、職業仲裁人が必要になるのである。

また、一般市民。

わが国には、さまざまな人生経験や社会経験を積んだ人材が豊富である。そのような市民の中から人材が集まれば、和解仲裁所は無限の可能性を拓くことができると、私は信じている。従来の調停委員は、学識経験者という言葉で括られているが、視野を大きくして広く一般から募れば、人材は続々と集まると思う。私の周辺を見回しただけでも、大手商社の法務部長、保険会社の取締役、海外経験の豊富な管理職など、何人もの顔が浮かぶ。こういう有能な定年退職者を和解仲裁所に迎え入れない手はないと思う。

司法制度改革審議会では、司法への市民参加がテーマになっているが、市民参加ならば、こちらの和解仲裁所の方がよほど筋が通るし、現実的である。すなわち、和解仲裁所の基本原理は、私的自治にあるから、司法という「官」に入るよりも和解仲裁所の「民」に入る方が、はるかに無理がない。市民参加は、まず和解仲裁所で実現したいものである。

以上、誰が調停人、仲裁人になるかという問題について、裁判官、現職の調停委員、弁護士、関連士業・専門職、一般市民と考察してきたが、この他にもいろいろ考えられる。例えば、消費者、企業者、ボランティア等々の中から。しかし、これらの人々は、みな市民の中に入っているものとして、先にすすむことにしたい。

ここで、大切なことは、私がここに述べた裁判官から一般市民までの人は、全員きちんと調停人、仲裁人としてのトレーニングを受けることである。トレーニングについては次章で述べるが、調停人、仲裁人としてのトレーニングを受けた人は、わが国にはほとんどいない。このことは、裁判官でも弁護士でも同じである。

そう言う私も、調停人、仲裁人としてのトレーニングを受けたことはない。調停技法等に関して、私はものの本にかなり書いたが、それでも言ってみれば自己流である。私に限らず、わが国の調停、仲裁の担い手はみな自己流であるから、譬えて言えば、霧の中で登山をしているようなもので、まわりの山が見えないから、みな自分の到達点が山の頂上だと思っているのである。私も、きちんとしたトレーニング機関ができたら、一度トレーニングを受けてみたいと思っている。そうすれば、新たな展望が開けるかもしれない。

さて、これまで常勤の職業調停人、職業仲裁人のことを、単に職業調停人、職業仲裁人と言ったり、プロの調停人、仲裁人と言ったりしてきた。ここで、プロとパートタイマーの概念を明らかにし、その違いをまとめておきたい。

プロというのは、和解仲裁所に常勤し、調停、仲裁を職業とする人を指す。したがって、和解仲裁所からの収入だけで、独立の生計を維持することができるものとする。そして、裁判官と同様の身分保障をされ、守秘義務などの義務を負う。おおまかに言えば、現在の裁判官と同じと言ってよいだろう。

これに対し、パートタイマーというのは、現在の調停委員とほぼ同じと言ってとよい。しかし、制度設計の仕方によって、例えば歩合制を導入するなどの改善の方法はいろいろ考えられる。その功罪については議論があるだろうが。

プロとパートタイマーの最大の違いは、その責任の大きさである。パートタイマーでも責任は大きいが、食べてゆくために他の手段があるのに対し、プロには逃げ場がないので、本人の真剣さが違うであろう。

また、プロならば、職業的に独立しているので、公正性、中立性は厳格に守るはずである。もし、公正性、中立性を疑われれば、プロとしての存在自体が怪しくなるからである。

私はかねがね、パートタイマーで公正性、中立性は維持できるのだろうかという疑問を持っていた。もちろん、パートタイマーでも公正、中立の調停人、仲裁人がたくさんいることは知っているが、①プロが到達する高度の公正性、中立性の域まで到達できるだろうか、②制度としてみた場合に、パートタイマーだけということでよいのだろうか、③パートタイマーの調停人、仲裁人が公正、中立だと利用者に信じてもらえるだろうか——ということを考えると、どうしてもこの疑問を払拭することはできない。

私事にわたって恐縮であるが、私は、第一東京弁護士会に仲裁センターを設立し、その運営に携わり、そこで調停や仲裁をする以上、自分のクライアントからの事件、すなわち、一方の当事者の代理人となる事件は受けないことにしようと考え、現実に以来六年あまり、新しい事件を受けていなかった。しかし、新しい事件を受けないと言っても、終了していない事件は続けてやらざるを得なかった。また、顧問会社もいくつか残っていた。そのような従来の因縁が残っている自分の公正性、中立性に一抹の不安を覚えることが、希にはあった。

なお私は、プロの調停人、仲裁人になるつもりで、名刺に調停人、仲裁人と刷っているが、プロにはなれず、パートタイマーであることは事実である。調停や仲裁以外にもいろいろな仕事をしているし、だいいち、調停、仲裁に割く時間は、一か月にせいぜい一〇時間程度であるから、とうてい職業とは言えない。当然のことであるが、調停、仲裁では食べてゆくことはできない。調停人、仲裁人を標榜している私がこのとおりであるから、わが国には、プロの調停人、仲裁人は存在しないと言ってよいであろう。しかし、プロの調停人、仲裁人が存在しないという事実は、そのままＡＤＲが未発達だということを示している。ＡＤＲが発達していれば、それを職業にして、独立の生計を維持する人々が存在するはずだからである。

和解仲裁所を構想する以上、そこで働く人々の生活を保障し、なおかつ生き甲斐になる職場でなければならない――これが内部組織を考えるうえでの要諦である。

四　和解仲裁所の外部組織

和解仲裁所は、裁判所のようなピラミッド型の組織ではないから、全国の和解仲裁所が同格のものとなる。すなわち、全国の簡易裁判所の所在地に、――いわば平面の上に、それぞれの和解仲裁所が置かれる形になる。しかし、これらが繋がりのないばらばらな存在であれば、単に和解仲裁所が全国に点在するだけのことになってしまうであろう。したがって、それぞれの和解仲裁所が横の繋がりを持つことによって、面を覆い尽くすようにしなければならないのである。しかし、単なる横の繋がりだけでは不十分である。利用者のために十全の力を発揮するためには、全国の和解仲裁所が有機的に連携しなければならない。すなわち、全体的には、ネットワーク組織にすることが必要である。

ネットワーク組織を有効に機能させるためには、中心になるセンターを設ける必要がある。そして、そのセンターで、解決事例の収集と分析、情報の収集や提供、研究、研修、研修カリキュラムの作成・提供、検査・調査機関との提携、調停人・仲裁人に関する情報の収集・提供、大学等の教育機関との提携、他のＡＤＲ機関との提携、渉外事務等の仕事をする。

このセンターをどのように設計するかということは、極めて重要な問題であるが、後に述べる機会がないので、ここで簡単にまとめておきたい。

このセンターは、都道府県の消費生活センターに対する国民生活センターをイメージすれば、分かりやすいであろう。すなわち、全国の和解仲裁所のセンターも、ほぼ国民生活センターと同じようなものにすればよいと思う。

問題は、その設置、運営の費用をどこが出すかであるが、和解仲裁所の資金と同様に、当面は国家予算から出すより他に方法がないと思われる。

また、その物的施設や人的組織をどのようなものにするかという問題も重要である。そして、次章で述べる第一段階ではこのセンターの制度設計を終え、第二段階では開設しなければならない。制度設計のうえで重要なことは、センターの仕事の内容について、細部まで具体的に詰めておかなければならないことである。

例えば、解決事例の収集であるが、和解仲裁所における調停、仲裁は非公開が原則であるから、どのような事項を、どのような形で収集するかということがそもそも問題になる。また、インターネット上で検索できる方法をとるかどうかという問題も出てくる。その場合、検索できる人や機関を限定するか否かということも決めておかなければならない。そのような面倒な問題があるのならば、もともと非公開が原則なのだから、解決事例の収集自体をやめてしまおうかという極論も出てくるであろう。しかし、紛争がどのように解決されたのかということを知ることは、法の支配を貫徹するためには重要なことである。このことを考えれば、少なくとも仲裁について、一定の要件のもとに、公開制を導入しようという意見も出てくるかもしれない。すなわち、解決事例の収集という仕事ひとつだけをとってみても、非公開の原則と知る権利とのジレンマに直面するという難問にぶつかるのである。

私は、制度設計の段階で、考えられる一番よいところに線を引くしかないと考えているが、いずれにせよ、このような難問をひとつひとつクリアする必要があるのである。

しかし、このような難問をクリアして、和解仲裁所の全国ネットワークを組織し、中央にセンターを置けば、これまで考えられなかった紛争解決の沃野を展望することができるだろう。

そのひとつは、紛争解決のスケールの拡大と迅速性である。

例えば、トンネルじん肺訴訟について訴訟上の和解が成立したことは前述したとおりであるが、この事件を和解仲裁所で扱うとすればどのようになるであろうか。訴訟であれば、被害者ひとりひとりについて、じん肺との因果関係、損害賠償額などのフルコースをいちいち主張、立証しなければならない。しかも、全国の多数の裁判所で、何十人、何百人という単位で訴訟が起こされているのである。因果関係も問題であろうが、トンネル工事に従事する労働者は、あちこちの現場に行くから、どこで何か月働いたとか、元請け、下請けがどこだったかなどということが問題になることは、容易に推察できる。すなわち、労働者の作業現場、作業日数、建設業者の特定が争点になるのである。しかし、因果関係が分かり、労働者の仕事と建設業者が分かり、病状について一定の基準を設ければ、あとは自動的に損害額が出るはずである。したがって、ひとりひとりの被害者について、いちいちフルコースで争う必要はない。

これを和解仲裁所の全国ネットワークで解決すれば、どのようになるであろうか。

まず、因果関係の部分は、強力な仲裁人のチームによって、仲裁判断を出す。このような多数当事者間の大規模事件には、五人とか七人とかの合議制を組めるという特則を規則につくっておけばよいであろう。そして前述のとおり、和解仲裁所には、医師で常勤の職業仲裁人がいるはずであるから、有機的な連携組織を使って、最もそれにふさわしい仲裁人を人選することが可能になる。あるいは、さまざまな仲裁機関で採用されているように、当事者が仲裁人を選定するシステムを折り込み、それを使って担当仲裁人を選定してもよい。そのような陣容ならば、仲裁判断が出るのに訴訟ほどの時間はかからないであろう。しかも、仲裁は一回制で上訴がないから、因果関係の存否が確定する時間は短い。ただ、当事者が一回制を回避したいのであれば、因果関係の有無を確定するための訴訟をひとつ提起する方法をとってもよいであろう。そして、仲裁にせよ、訴訟にせよ、被害者の病状による損害賠償の基準を同時につくることはできるはずである。

ここまですめば、あとは労働者の仕事と建設業者の特定だけである。これは、被害者＝労働者の住所地の和解仲裁所で事件を扱えばよい。比較的容易な事件は和解で解決するであろうし、争いがある事件は仲裁で解決できるはずである。因果関係は確定しているし、病状と損害額の基準があるのだから、全国ネットワークから収集したセンターの情報を利用すれば、正確で公平な結論が出るのにそれほど時間を要するとは考えられない。フルコースで争わなくても、結論は訴訟や訴訟上の和解と同じになる。そればかりか、迅速な解決によって、被害者の傷はいくらかでも軽くなるはずである。また、長い訴訟の間に命を落としてしまうという悲劇もなくなるであろう。すなわち、このような迅速な解決は、被害者に喜ばれるはずであるし、建設業者にとってもメリットがあるはずである。

私は、トンネルじん肺訴訟を訴訟上の和解で解決した裁判官に敬意を表するが、もし私の言う和解仲裁所があれば、はじめから和解仲裁所で解決した方がよいのである。トンネル工事がある限り、いくら技術が進歩しても、じん肺の被害はなくならないであろう。したがって、トンネルじん肺被害に備えるためにも、和解仲裁所をつくり、全国ネットワークとセンターの外部組織をつくる必要があると思う。

しかし、このような事件は、トンネルじん肺に限らない。例えば、ビルの解体現場のじん肺被害は当然予測されるし、それ以外にも文明や時代の進展に伴って必然的に起こる事件はあるものである。例えば、大量の消費者被害は絶えることがないが、そのような事件についても、じん肺被害について述べたことを応用すれば、臨機応変に対応することができると思う。

和解仲裁所がネットワークとして面の広がりを持てば、他のＡＤＲ機関との連携が可能になる。したがって、他のＡＤＲ機関とノウハウや情報を交換することによって、その紛争解決能力は一層大きくなると思われる。

そして、海外のＡＤＲ機関と連携したり、渉外事件や国際的な紛争事件を和解仲裁所で多く扱うことも、目標の中に入れておきたい。因みにアメリカ仲裁協会（ＡＡＡ）は、国際部を設け、世界各国に支部をつくっている。調停、仲裁が、国際的に普遍的な紛争解決方法である以上、ＡＤＲを充実、強化することが国際競争上のテーマであることは、わが国ではあまり意識されていないが、国際化の波はすでに来ていると言っても過言ではない。端的に言えば、わが国はADRの後進国なのである。そのような観点からしても、和解仲裁所は是非つくりたいものだと、私は考えている。

五　和解仲裁所と裁判所との連携

和解仲裁所と裁判所との連携を考察するにあたり、もっとも本質的な問題として、先駆性と保守性について述べておきたい。

裁判所の責務は、法の厳格な解釈と適用にあるから、事件解決の側面から見ると、結果的には保守的にならざるを得ない。もとより、裁判所の判断がすべて保守的なわけではなく、先駆的な判断もときにはある。しかし、裁判所が先駆的な役割を果たすのは、多くは訴訟上の和解におけるものである。もし、訴訟上の和解に適する事件がはじめから和解仲裁所に移管されるようになるとすれば、裁判所の先駆的な役割は、さらに減少することになる。ただし、「保守的」というのは、必ずしも否定的な評価ではなく、社会の安定のためには、必要な要素である。

これに対して、和解仲裁所の責務は、具体的妥当性にあるから、先駆的な事件解決をすることがかなりある。すなわち、社会の進歩のために必要な役割を果たすことになる。

安定と進歩は、社会の維持、発展のために、どちらも欠かせない要素である。この役割分担を適切に行うことが、裁判所と和解仲裁所のもっとも本質的な連携である。

裁判所と和解仲裁所の判断を二つ並べて見ると、同様の事件で、結論が異なることが出てくる。この問題を事例をふまえながら考えてみたい。

一九九八年三月、東京・多摩ニュータウンの分譲マンション「ノナ由木坂」の管理組合は、東京都住宅供給公社が行った大幅値下げ販売を不当として、第一東京弁護士会仲裁センターに仲裁の申立てをした。その結果は、新聞やラジオにも報道されたが、①公社が住民と十分に協議しなかったことに遺憾の意を表明する、②管理組合はビラまきなどの反対行動を中止する、③管理組合は新しい組合員を差別しない、④公社は管理組合に対し紛争解決金として二二一〇万円を支払う、という仲裁判断で解決した。

ところが同様な事件の訴訟では、住民側の敗訴になっている。この事件と同じ頃、関西文化学術研究都市にあるニュータウン「木津川台住宅地」における大幅値下げにつき、住民が近畿日本鉄道・近鉄不動産に対して提起した損害賠償請求事件に、大阪地方裁判所は請求を全面的に退け、請求棄却の判決を言い渡した。もっとも判決は近鉄側の経営姿勢を批判し、「差額返還の検討を含め、購入者の納得を得られる対応をとることが期待される」と解決への努力を促したが（一九九八年三月二九日付朝日新聞）、結論は、住民側の完全な負けになっている。

このように、個別の事件だけを見ると、相矛盾する結果になるが、社会全体としては、裁判所と和解仲裁所が相俟って、法秩序の維持と新しい法の形成を担ってゆくべきであり、それを可能にする制度設計をする必要がある。

すなわち、この保守性と先駆性という、あるときは相補い、あるときはジレンマに陥る難題を解き、それを越えて次の展開を拓く作業が、裁判所と和解仲裁所の提携の課題である。しかし、これだけ世の中が複雑になり、人々の価値観が多様になると、紛争解決の場面におけるそのような提携が、いよいよ必要になってきたのだとも言えるのだろう。


では、具体的にどうしたらよいのかという問題になるが、これについては、訴訟にふさわしい事件は裁判所に、調停や仲裁にふさわしい事件は和解仲裁所に、という道筋をつけることに尽きる。すなわち、調停や仲裁にふさわしい事件が裁判所に来たら和解仲裁所に移管し、訴訟にふさわしい事件が和解仲裁所に来たら裁判所に移管する、という極めて簡潔な仕事である。

なお、私が訴訟にふさわしいと考えている事件は、前にも述べたとおり、①一〇〇対ゼロの黒白をつける必要がある事件、②法令の新解釈が必要な事件、③先例的な基準をつくる事件、④執行力が必要な事件、⑤当事者が強く訴訟を望む事件である。したがって、それ以外の事件は、調停や仲裁がふさわしいことになるから、私の区分によれば、圧倒的に後者が多くなるはずである。

訴訟がふさわしいか、調停、仲裁がふさわしいか、という事件の振り分けをするためには、裁判所と和解仲裁所の窓口に、事件を管理する担当者を配属することである。アメリカでは、ＡＤＲの利用促進のためのさまざまな試みがなされているが、多くの裁判所に事件管理の裁判官がいて、事件を振り分け、ＡＤＲに事件を移管していると言う。事件の移管をするために、わざわざ担当者を配属することはたいへんな気持がするが、将来当事者みずからが選択できるようになれば、その規模を縮小することができる。

なお、連携という限り、相互の特徴、当事者の利益等々、その最もよいところを生かす連携が望ましい。すなわち、めりはりのきいた連携が必要なのであって、だらだらとしたものは、そもそも連携の名に値しない。「和解仲裁所で駄目なら裁判所があるさ」などという安易なものならば、かえって弊害をもたらす。

紛争解決の迅速性、とくに訴訟の迅速性が叫ばれて久しい時が過ぎ、最近は相当改善されたが、紛争には早く解決して欲しい当事者と、早く解決して欲しくない当事者が存在するものである。すなわち、事件の引き延ばしは紛争解決に内在する問題で、訴訟に限らず、調停や仲裁にもこの力学は働く。この病理的力学が働きだすと、事件移管が引き延ばしに利用されるという弊害が起こる。ここが相互移管の難しさである。

この問題を解決するためには、例えば、和解仲裁所で和解の成立に非協力であった当事者が訴訟で敗訴したときには相手方の弁護士費用を負担するなど、ペナルティを課すことを制度設計の際に検討する必要もあるだろう。私的自治の原則からすると決して好ましいことではないが、紛争解決の病理的力学を放置していたのでは、法の支配は空洞化して、かえって私的自治が成り立たなくなる。したがって、和解仲裁所に非協力な当事者が、裁判所でペナルティが与えられるということもやむを得ないと思われるが、これを実施するとすれば、ひとつの連携になる。

また、和解仲裁所における和解書や仲裁判断に強制力、執行力を付与することによって、和解仲裁所を利用しやすくしようという意見が出ると思われるので、この点も検討しておきたい。

現在でも、裁判所における調停調書に債務名義が付与されることが調停の利用を促進しているという観点から、その他のADRにおける和解書や仲裁判断に債務名義を付与することの必要性が説かれている。これは、現実的な意見であるが、若干問題がある。すなわち、すぐれた和解や仲裁判断ならば、ほとんど強制力はいらないものである。もともとADRの基本的理念は私的自治にあるのだから、当事者はそのつもりでADRを利用しており、たいていの場合は、結論に従うものである。また、強制力を意識し過ぎると厳格な手続が必要になり、ADRの利点を生かせなくなって、かえって弊害が起こることがある。

なお、とくに国際仲裁の議論に出てくることであるが、どこの国で執行するかとか、果たして執行ができるかなどということが大きな関心事になるので、どうしても強制力の付与に意識が傾いてゆく。

そして、国内仲裁の場合も、国際仲裁の議論に引きずられて、強制力を強調し過ぎる傾向が出てくる。

以上のようなことを前提にして、さて、和解仲裁所の場合にはどのような制度設計をするかという問題になるが、私は、国内仲裁については、強制力はあるに越したことはない、という程度でよいのではないかと思っている。最も肝腎なことは、和解仲裁所は、強制力に依存しないことである。すなわち、強制力を使わなくても、当事者が任意に履行するようなよい和解や仲裁判断をすることである。現に、すぐれた調停人、仲裁人による和解や仲裁判断は、強制力を待つまでもなく、ほとんど任意に履行されている。これは、理想論のように思われるかもしれないが、調停や仲裁は、その基礎が私的自治にあるのだから、当然のことなのである。

しかし、現実論としては、強制力はあるに越したことはない。そして、強制力の付与と言っても、次に述べるように、いろいろな方法がある。ただし、国際仲裁については条約上の問題があるので、ここでは、国内調停、国内仲裁に限定して考えることにしたい。

第一は、和解仲裁所における和解書、仲裁判断がそのままで債務名義になるという方法である。この場合は、和解書、仲裁判断の効力が強くなるが、相手方が争うときには、強制執行に対する異議を裁判所に申し立てることになるのだろう。その争いを、弁論を要する取消訴訟のようにするか、決定手続で決着をつけるかで、方法上の枝が二つに分かれる。

第二は、和解書や仲裁判断について、裁判所の決定手続を得て、それから強制執行ができるようにする方法である。決定手続であるから、次の執行判決よりも手続は簡易であるが、相手方に争いがあれば、裁判所の決定に対して争うことになる。その相手方の争いを、弁論手続でするか、決定手続でするかということで、また枝は二つに分かれる。

第三は、現行法と同様に、執行判決を必要とする方法である。

——考えられるのは以上のとおりであるが、和解書と仲裁判断を区別するなど、まだ他の方法もあるかもしれない。しかし、執行力に関しては、いずれにしても、和解仲裁所と裁判所は何らかの連携をすることが必要になる。

これに近いことは、和解仲裁所に保全処分を認めるか否かという問題でも起こってくる。いずれにせよ、執行力と保全処分については、和解仲裁所と裁判所が連携する必要があるという現実は存在する。これらはすべて制度設計の際に決めておかなければならない問題であるが、私がここでどの方法がよいと言うことは差し控えたい。おおまかなスケッチを書くという本書の趣旨に反するし、率直に言ってよく分からないところがあるので、この辺のところは、多くの人の意見を聞いてみたい。

六　和解仲裁所の財源

和解仲裁所を設立し、それを運営するためには、多額の費用を要する。まして、本章二で述べたような規模にするとすれば、裁判所の予算ほどではないにしても、少なくともその二分の一程度の費用が必要であろう。しかしこれは、私の頭の中だけでの目の子算であって、どの程度の費用を要するかということについては、なお慎重に検討する必要がある。

しかし、机上でシミュレーションをすることは、さほど難しいことではないだろう。問題は、今シミュレーションすることにあるのではなくて、必要な資金を現実にどこから調達するかということである。すなわち、ここに至って、財源確保が容易なことではないという現実の壁を意識せざるを得なくなるのである。

言うまでもなく、その財源を確保することができなければ、和解仲裁所をつくることは不可能である。したがって、私がここでいくら和解仲裁所の必要性を力説しても、財源がなければ、それは画餅に過ぎなかったということになって、ことはそこで終わりになる。

そこで、この費用をどこから調達できるかということを、さらに粘って考えてみたい。

和解仲裁所の基本的理念からすれば、私的自治が原則であり、私的自治ならば、自分の紛争は自分の費用で解決せよということになるから、本来は、紛争当事者が負担すべきであろう。

しかし、わが国の現状からすれば、いきなり当事者負担にすることには強い抵抗が予想される。なぜならば、これまでの民事調停、家事調停の費用が安かったので、その安い費用に人々が馴れ過ぎているからである。すなわち、裁判所における調停の費用の大半は国が負担すべきだという考えが、広く浸透しているから、一朝一夕には変えられないのである。したがって、和解仲裁所の設立、運営費用を、当事者の負担とすることには現実性がない。私的自治の原則からすれば残念であるが、画餅を画き続けるような愚は避けたい。

では、この和解仲裁所を企業化することによって、設立、運営することは可能であろうか。アメリカにはジャムス・エンディスピュートのように民間企業が経営する大規模なADRが存在するが、この場合にも、当事者が料金を支払わなければならないから、結果は同じである。しかし、わが国で企業化しても、人々が安い費用に馴れ過ぎていることと、企業が紛争解決機関をあまり利用しないことのために、採算がとれる基盤は、今のところできていないというべきであろう。すなわち、和解仲裁所を企業化することにも現実性がない。

その他、資金確保については、会費制を導入するなどの方法もあるが、大規模な和解仲裁所を長く存続させるには、会費制その他の方法は心もとなく、見通しが立たない。

したがって、私的自治という理念には矛盾することであるが、少なくとも設立費用と当面の運営費用は、やはり国家予算を投入しなければ、財源を確保することは無理であろう。

しかし、これをずっと長く続けることも好ましくないばかりか、別の意味で現実性を欠くことになる。それは、前にも述べたが、大きい司法に永続性の展望を持てないからである。すなわち、社会が大きい司法を維持することができなくなる日がやがて来ることは確実であるから、いずれは小さい司法にすることを目標にしておかなければならないのである。そして、そのときには、小さい司法への志向、和解仲裁所の財源の国家予算からの脱皮、私的自治の浸透ということが連動して実現されてゆかなければならない。

したがって、次章三の第三段階までは国家予算を導入することによって財源を確保するが、次章四の第四段階では、当事者負担、会員制、保険制度の導入などを採用することによって、可能であれば国家予算を使わない、仮に使うとしても最小限にとどめるという方向で、制度設計すべきである。第四段階になると、各和解仲裁所の実績が出てくるから、その財政の見通しについてシミュレーションをすることが可能になるし、その段階のシミュレーションは、現実性が高くなるはずである。

和解仲裁所の設立、運営費用の財源について考えられることは以上のとおりであるが、要は、これらのことを念頭に置いたうえで、さて、私の言う和解仲裁所をつくるかどうかである。

本来であれば、人々、とくに弁護士が大きな声をあげて、ときの為政者を動かし、政策決定を迫るべきであるが、ＡＤＲに対する認識は弁護士に弱く、いわんや一般の人々がほとんど知らない現状では、いわば下からの声が沸き起こることは期待できない。

したがって、つくるとすれば、ときの為政者の強力な政策決定が必要になる。そして人々に対し、それだけの予算を投入する理由を説明し、支持と理解を得ることも大切である。

その支持と理解を得る際に、設立、運営のための予算がいったんは増大するが、やがてカーブを描いて減少してゆくという方向の制度設計をして、それを分かりやすく示すことが必要である。財源という視点から、私に意見を言えと問われれば、はっきりと申し上げたい。財源、すなわち社会経済という観点に立てば、和解仲裁所はつくった方がよい。

なぜ？　――元が取れるから。

何年で？　――短くて一〇年、長くて三〇年。

七　和解仲裁所のための法的整備

和解仲裁所をつくるとすれば、そのための立法や法改正などの法的整備が必要になる。

わが国の仲裁法であるが、一九九七年の民事訴訟法の改正の際に仲裁法の改正は積み残され、現在は「公示催告手続及ビ仲裁手続ニ関スル法律」の定めによることになっている。所管の法務省民事局では、改正仲裁法案の早期作成がテーマに乗せられているが、倒産関連法案の一連の処理が完了するまで、事実上作業が止まっている。しかし、これでは国際的な後れをとるので、UNCITRALモデル法を参考にして、早急に立法すべきであるという声も出ている。

このような動きからして、仲裁法の立法については、早晩着手されるであろう。このことは、和解仲裁所つくるか否かにかかわらず、現実のものになることは確かである。

しかし、仲裁法ができたとしても、現実に仲裁を実施する機関がなければ、せっかくの仲裁法の使い道がないことになる。現在でも、わが国で仲裁は行われているが、国内で仲裁判断が出るのは、全国の弁護士会仲裁センターの合計で約三〇件（そのうち約二〇件はミーダブ）、中央と都道府県の建設工事紛争審査会が合計で約五〇件、国際商事仲裁協会と日本海運集会所がそれぞれ約一五件であるから、全部合わせても年間一〇〇件を少し越える程度であろう。

紛争解決方法としてすばらしいシステムである仲裁が、これほど使われていないことは、実にもったいないことである。

私はかねてから、仲裁法が立法される機会に、多くの人々や企業から仲裁が利用されるようになるように、それを実施する機関を是非つくっておきたいと考え、何度も繰り返し発言し、ものに書いてきた。そしてさらに、和解仲裁所のような仲裁機関をつくることを前提にして、仲裁法の内容を確定すべきであると考え、機会あるごとに発言してきた。

例えば、和解仲裁所では当然ミーダブは行うことになるが、そのことを前提にしないで仲裁法をつくれば、手続に柔軟性を欠く危険性が出てくる。現在、ＵＮＣＩＴＲＡＬモデル法の改定作業がすすみ、その中で仲裁と調停との関連が議題になっているそうであるが、仲裁の立法は、そのような動きを睨みながら行うべきである。和解仲裁所をつくることを前提にすれば、ミーダブについての規定が当然必要になるが、いずれにせよ、実務的に有用で、使い勝手のよい仲裁法をつくる必要がある。

すなわち、仲裁法の立法と和解仲裁所の設立は、もうひとつの車の両輪なのである。言葉を換えれば、仲裁法の立法が俎上に乗っている今こそ、和解仲裁所を設立する絶好のチャンスなのである。この機を逃せば、仲裁法が便利に利用されることも、人々から愛用されるＡＤＲをつくることも、おそらく五〇年先に延びることになるであろう。

和解仲裁所をつくるときに、必ず立法しなければならない法律は、その根幹になるものとして、その組織を定める仮称「和解仲裁所法」と手続を定める仮称「和解仲裁法」である。もっとも、この二つは、仲裁法さえしっかり定めておけば内部規則で十分である、という考えも出てくるだろう。しかし、仲裁法に調停に関する規定が盛り込まれるとは限らないから、仲裁法とは別途の立法措置は必要だと思われる。また、例えば、調停人、仲裁人の身分保障に関連する規定を設けるためには和解仲裁所法が必要であるし、裁判所と事件の相互移管を行う手続を定めるためには和解仲裁法が必要であろう。

和解仲裁所法と和解仲裁法の立法に伴って、既存の法律の改正が必要になる。和解仲裁所で行う仕事の内容と事件の種類によって細部が決まるものであるが、非訟事件手続法、民事調停法、家事審判法は、大幅な改正を迫られることになるだろう。

また、調停前置主義をとっている請求権（例えば、地代借賃増減請求事件の調停の前置につき、民事調停法二四条の二）の扱いなどについては、その方針をきめ細かく定め、その方針に即した改正をしなければならない。

さらに、時効中断効については司法制度改革審議会の中間報告にも触れられているが、例えば、和解仲裁所への調停または仲裁の申立てによって時効中断効を付与することになれば、民法などの実体法の改正が必要である。

このように、和解仲裁所の構想を実現するならば、多数の立法や法改正が必要になる。しかし、制度の改革に法的整備が伴うのは当然のことであって、要するに法的整備を制度設計の中に折り込んでおけばよいというだけのことである。

もっとも、法令その他の規則は、制度を動かすソフトであるから、使いやすくて、よいものであることが望ましい。したがって、和解仲裁所をつくるのであれば、法的整備、すなわちソフトづくりのために、周到な準備をしたいものである。

第七章　段階的改革案

一　第一段階——研修と準備

和解仲裁所の最終的な姿については前章で述べたとおりであるが、そこに至るためには、段階を踏まえて着実に進んで行かなければならない。その段階を踏まえた制度設計、すなわち、時間的経過を踏まえた段階的制度設計の試みが、本章の「段階的改革案」である。

第一段階は、調停人、仲裁人の研修と法的整備などの検討をする準備段階である。この段階ではまだ和解仲裁所は発足していないが、さまざまな準備をしなければならないから、大きなエネルギーを投入する必要がある。また、この段階の成果は、発足後の和解仲裁所の質と量を決めるので、考えられるものの最善の線をゆかなければならない。

この第一段階でなすべきことを要約すると、以下の三点であるが、これを三年間でやり遂げてしまいたい。

① 調停人、仲裁人の研修について、ただちにプログラムを作成し、全国的規模で実施する。

② 全国の地方裁判所・同支部、家庭裁判所・同支部、簡易裁判所の所在地に、和解仲裁所を新設

するための委員会を設け、調停人、仲裁人などの人員の確保、物的施設について、具体的な立案をし、準備を整える。

③　和解仲裁所のために必要な立法、法改正の法的整備をする。

まず、①の研修について考察しておきたい。

私はこれまで「トレーニング」という用語を使っていたが、この言葉は技術の習得というニュアンスが強く出るので、これからは「研修」という用語を使うことにしたい。もとより研修の中では技術修得のためのトレーニングは重要な要素になるが、研修には理論も重要なので、それら一切を含めて、「研修」と言うことにする。

言うまでもなく、和解仲裁所がよいものになるか否かという分かれ道は、そこに人を得ることができるか否かという点にかかっている。象徴的な言い方になるが、訴訟は「法」に拠り、調停、仲裁は「人」に拠るということになる。「人」に拠ると言うと、いかにも前近代的に聞こえるかもしれないが、決してそうではない。むしろ、近代を経験した後で再び「人」に回帰する要請にこたえるという意味で、極めて現代的なのである。

これを紛争解決の側面に絞れば、近代は人の顔が見えない訴訟をあまりにも長くやり過ぎた。そのアンチテーゼとして調停、仲裁に光が当てられるようになったのであるが、そうなると、当然その光に当てられて人の顔が見えるはずであるし、またそうならなければならない。すなわち、調停、仲裁では、「人」は「法」の陰に隠れることはできないのである。それが「人」に拠るという意味であって、だからこそ、調停、仲裁に携わる人には、訴訟に携わる人以上の厳しさが要求されることになる。

ここまで考察すると、研修の目標が見えてくる。そして同時に研修の内容も定まってくる。すなわち、研修は、調停、仲裁の担い手の総合的な資質の向上を目指すものに他ならない。

ところが、わが国の調停、仲裁の現状を見ると、極めて索漠とした風景が目に入る。まず、調停、仲裁に関する教育は、皆無に近い。大学の法学部でさえ、調停、仲裁を教えることはほとんどない。もちろん、調停技法のロールプレーの試みも滅多に聞かない。アメリカではハイスクールで学校内調停が取り入れられているが、わが国にはそのような発想さえない。また、義務教育では、調停、仲裁という紛争解決システムについて教えていない。信じられないようなことであるが、まさに、無い無い尽くしなのである。

研修という問題から若干離れるが、調停、仲裁の担い手の資質の向上という観点からすると、義務教育の段階から、対話、ディベイト、ロールプレイなどを取り入れて、調停、仲裁の基礎をつくらなければならないのである。

さらにまた、調停人、仲裁人のトレーニングは、ほとんど行われていない。

裁判所の調停委員の研修は定期的に行われていると聞いており、私はその内容を知らないので軽率なことは言えないが、後に述べるような体系的な研修が行われていないことは確かであろう。

これに対し、アメリカには公設あるいは私設の研修機関が多数あり、また、これも澤田壽夫副所長から直接聞いたことだが、ICCには、仲裁の権威を所長とし、最高裁判所判事も経験した仲裁専門家等を副所長とする研修所があって、そこでは仲裁法のシンポジウム、交渉技術、起案技術の研修、模擬仲裁、仲裁実務研修など、密度の高い研修が、真夏と年末を除き、ほぼ毎月行われている。

わが国にも、このような試みが全くないわけではない。大学法学部の民事訴訟法、裁判学、法社会学の教授たちのゼミで、模擬調停を行ったことを仄聞しているし、私も九州大学法学部で裁判学（紛争解決学）の非常勤講師をした際に、丸一日を学生同士の調停と相対交渉に充てたことがある。

また、私も参加したが、『交渉と法』研究会（代表新堂幸司、小島武司、井上正三）では、模擬調停と和解を睨んだ模擬裁判を行った。

これらのわが国の試みは、いずれも研究や教育にウエイトがかかっていて、研修ということはできないが、調停技法のトレーニングを目的にしたグループもあらわれた。

すなわち、NPO法人のシヴィル・プロネット関西（代表理事上野義治司法書士）は二〇〇〇年一一月から三日間の調停技法トレーニングを行い、特定非営利活動法人・大阪NPOセンター主催の市民活動発表会『OSAKANPOアワード2000』でグランプリ賞を受賞した（日本消費経済新聞二〇〇一年二月号)。

このような内外の動きを踏まえながら、さて、どのような研修を行うかの問題であるが、ここで留意すべきことは、前に述べたとおり、わが国にはプロの調停人、仲裁人が皆無であることである。しかも、全員がパートタイマーである。

そこで、研修の当面の目的として、和解仲裁所の調停人、仲裁人は、全員プロの腕を持つ調停人、仲裁人になるということを設定しておきたい。

和解仲裁所の調停人、仲裁人は、常勤の職業調停人、職業仲裁人と非常勤のパートタイマー調停人、パートタイマー仲裁人の組み合わせで構成されることを前提としている。この場合、ひとりの人が調停人になることもできるし、仲裁人になることもできるという制度がよい。したがって、プロの腕を持つということは、調停人としてのプロの腕を持ち、かつ仲裁人としてのプロの腕も持つという意味である。もっとも、全員が両方の腕を持たなければならないということではない。もっぱら調停をする人でもよいし、もっぱら仲裁をする人でもよい。しかし、常勤であろうと非常勤であろうと、また、調停と仲裁の両方をする人であろうと、あるいはその片方だけをする人であろうと、その仕事に関してはプロの腕を持つ必要がある。これが「プロの腕を持つ」という意味に他ならない。

では、誰がその研修を受けるのだろうか。

それは、和解仲裁所がスタートするときに、そこで調停人、仲裁人になることが予定されている地方裁判所、簡易裁判所、家庭裁判所の裁判官、調停委員である。したがって、現職の裁判官、調停委員は全員研修を受けることが義務づけられることになる。そして、和解仲裁所で是非調停人、仲裁人になりたいという人がいれば、研修を受けることができるものとする。すなわち、将来の調停人、仲裁人のために門戸を開放しておかなければならない。この場合、言うまでもないことだが、弁護士だからといって、研修を受ける義務を免除されない。したがって、私自身が和解仲裁所の調停人、仲裁人になりたければ、この研修を受けることになる。

ところで、研修を「受ける」方は右のとおりだとしても、研修を「授ける」方の人は、わが国にいるのであろうか。

この点についても、皆無に近いというのが現実である。しかし、研修をする側の方は、和解仲裁所の調停人、仲裁人とは異なるから、全員パートタイマーでもよいであろう。研修のカリキュラムに従って、得意分野ごとに人材を集めれば、当面はなんとかなるのではないだろうか。

また、どのような機関がどこで研修を行うかということも、大きな問題である。私は、次に述べる研修のカリキュラムをしっかりつくり、研修を行うスタッフさえ揃えば、研修機関は、公的なものでも、民間のものでもよいと考えている。もとよりこのことは、研修費用を誰が負担するかにもよるが、例えば民間のシンクタンクに委託しても十分に可能である。

問題は研修を受ける費用を誰が負担するかであるが、現職の裁判官、調停委員の受講費用を本人が負担することは合理性に欠ける。したがって、この分は公費から支出することになる。それ以外の受講者は、原則として本人の負担になるだろうが、予算が許せば、一部公費による助成がある方が望ましい。

そして、和解仲裁所がスタートするときには、その調停人、仲裁人が全員この研修を受けていることが前提であり、第一段階の期間は三年間と設定しているから、研修機関の規模は、相当大きなものにならざるを得ないであろう。すなわち、少なくとも、札幌、仙台、東京、名古屋、大阪、広島、高松、福岡には常設の研修機関を置きたい。

なお、ここでは調停人、仲裁人の研修を中心に考察をすすめているが、事務局員その他のスタッフ（現在の書記官、調査官などに相当する調停人、仲裁人以外のスタッフ）も、独自の研修が必要であることを付言しておかなければならない。

次に、カリキュラムの問題であるが、ここで大切なことは、調停人、仲裁人が身につけるべき必修の条件は何かということである。

私は、以下の四つを挙げたい。

i　調停、仲裁の理念を理解すること

ii　調停、仲裁の論理構造を知り尽くすこと

iii　紛争解決規範を駆使することができるようになること

iv　調停、仲裁の技術の修得

すなわち、この必修の条件が身につくようなカリキュラムをつくることが大切なのである。

ここで、なぜこれらが必修の条件なのかということを、簡単に説明しておきたい。

まず、ｉの理念の理解であるが、調停、仲裁には、第三章で詳しく述べたように、基本的理念と歴史的意義がある。その理念と意義について深い理解を持っている調停人、仲裁人は、事件に対する洞察、当事者の苦衷、将来の見通し等、紛争解決に必要な緒要素を的確に把握することができるようになる。また、その仕事に誇りと使命感と情熱を持つから、自ずから腕があがるのである。逆に言えば、基本的理念と歴史的意義に理解がない調停人、仲裁人には、よい調停や仲裁はできない。

次に、iiの論理構造の熟知であるが、これも第二章五で述べたように、調停、仲裁の論理システムは訴訟の論理システムとは異なるのであるから、そのことを知り尽くし、調停、仲裁の論理システムのソフトをたくさん頭脳の中に植え込むことが研修のポイントになる。とくにこのことについては、

裁判官と弁護士が徹底的に頭を切り替える必要がある。なお、この分野では、理論も必要であるが、それだけでは不十分で、ケース研究が有効になるであろう。

そして、iiiの紛争解決規範を駆使する能力であるが、第二章四で述べたように、よい調停、仲裁をするためには、さまざまな紛争解決規範を縦横に駆使することが必要であるから、そのような能力を身につけることが目標となる。したがって、さまざまな紛争解決規範を知り、それを使う方法を理論のうえで学ぶことになるが、それと同時に、ここでもケース研究が必修になる。

さらに、ivの技術の修得であるが、ここで行うべきことは、ロールプレイ、模擬調停、模擬仲裁をして、その結果について、意見交換、分析をすることである。

そして、是非取り入れたいことは、他人が行う実際の事件の調停、仲裁を見て意見交換や分析をすることと、自分が実際の事件の調停、仲裁をして他人から批判を受け意見交換をすることである。調停や仲裁は非公開であるから、第三者が事件に立ち会うことは認められないが、研修の最終段階にまで達したときには、厳格な条件を定めて、例外を認めるべきだと思う。その場合には当然立法措置が必要であるが、現職の裁判官や調停委員の研修の場合には、比較的導入しやすいのではないだろうか。とにかく、模擬と実際では格段の違いがあるから、この実地研修は不可欠だと思う。

なお、技術の修得という場面になると、とかく理論が忘れがちになるが、調停技法、仲裁技法の理論を修得することも、極めて重要である。そして、理論と実務を絶えずフィードバックさせながら

「腕をあげる」ことが、研修の要諦なのである。

ここまで考察しておけば、研修のカリキュラムを組むことは、それほど難しい問題ではないであろう。ここから先は、英知を集めてカリキュラムを創造すればよいと思う。なお、私もメンバーの一員になっているが、国際仲裁連絡協議会（日本弁護士連合会、国際商事仲裁協会、日本海運集会所、工業所有権仲裁センター、法務省、経済産業省、国土交通省からメンバーが出ている）では、研修のプログラムをつくることが話題になっているので、その結果を参考にしてもよいと思う。

ただし、研修の期間だけには言及しておいた方がよいだろう。

あくまでも私の直感的な考えであるが、ここに述べたような研修をすべて実施するとすれば、一日八時間のフルタイムで、ｉの理念の理解に五日、ⅱの論理構造の熟知に一〇日、ⅲの紛争解決規範の駆使能力に一五日、ⅳの技術の修得に二〇日、以上合計五〇日は欲しいと思う。これを大学学部の単位に換算すると、ほぼ二五単位に相当する。もちろん、このｉ～ⅳは縦に繋げるのではなくて、混ぜ合わせてカリキュラムを編成するのである。しかし、受講者の多くは職業を持っている人であろう。したがって、夜間に開講する必要もある。そのような条件を考慮すれば、ざっと三か月から六か月の時日は要するのではないかと思う。

和解仲裁所をつくるにあたって準備すべき研修に関しては以上のとおりであるが、ここで調停、仲裁の研修一般の問題についても、補足的に考察しておきたい。

まず、研修は一度受ければよいというのではなくて、継続して受ける必要があるということである。すなわち、和解仲裁所の調停人、仲裁人は数年に一度の割合でより高度のプログラムによる研修を受けることにしなければならない。継続的な研修を受けなければ、長い間に生じた偏りを矯正することができないし、新しい技法や情報にも疎くなる。もとより、より高度のプログラムによって、「より腕をあげる」ことが目的であり、そのことも大切であるが、継続的な研鑽がなければ、そして上を目指さなければ、「腕が落ちる」ものだからである。なお、誤解のないように言っておくが、私がここで盛んに「腕をあげる」とか「腕が落ちる」などという言葉を使うと、いかにも調停人や仲裁人が、調停、仲裁を引っ張ってゆく腕前のことを言っていると思われるかもしれない。しかし、当事者が語る言葉を黙って聞く能力も「腕」のひとつなのである。そのようなことを全部含めて、調停、仲裁に携わるにふさわしい能力を、私は「腕」と言っているのである。

さて、その「腕」のことになると、わが国で次に出てくる言葉は、決まって「資格」である。すなわち、研修の修了者に資格を与えるべきだという議論が出てくるのである。そして場合によっては、そこに商売がはじまったり、利権が生じたりする。しかし、どの世界も同じだが、資格と能力は必ずしも一致しない。したがって私は、研修の修了者に資格を与えることには、慎重でありたい。

資格という形式的なことよりも大切なことは、実質的な能力である。したがって、研修の修了者が、実質的にどのレベルに達したかということは、できるだけ客観的に分かるようにしておいた方がよい。そこで、受講者と研修機関の双方が、受講した研修の内容と到達点を知ることができるような仕組みを考案する必要があると考える。

ところで、常設の研修機関を設置したとき、その受講者は、和解仲裁所の調停人、仲裁人に限定されるのであろうか。仮に、将来調停人、仲裁人になりたいと考えている人に開放されていても、それだけでは受講者の数はやがて少なくなり、研修機関としては先細りになるであろう。そのようなことでは、研修の内容そのものにも活力がなくなるに相違ない。

別の観点からすると、この問題は、調停、仲裁の研修の受講者に社会的ニーズがあるか、というテーマに他ならない。さらに具体的に言えば、和解仲裁所の他にニーズがあるかという問題である。

この点については、臨床心理におけるカウンセラーを念頭に置いて考えると分かりやすい。カウンセラーになるためには長期の研修が必要であるが、その研修を経た人は、臨床心理のクリニックや病院の精神科だけでなく、学校や養護施設などでも活躍している。すなわち、職業として、あるいは仕事にそれを生かすことができるのである。これに対して、調停、仲裁の場合は、これも信じられないことであるが、裁判所の調停委員でさえ研修の終了が就任の条件になっていないのであるから、研修と職業・仕事が結びついていなかったのである。これだからこそ、わが国に調停、仲裁の研修がなくてもすんでいたのであるが、それを必要とする職業や仕事があってはじめて、研修は盛んになるのである。私の構想が実現すると、和解仲裁所に関する限り、調停人、仲裁人という職業・仕事と研修は繋がることになるが、さて、他の職業で、この研修を必要とするものがあるであろうか。

私は、学校内ADRと企業内ADRを普及させて、そこでこの研修の受講者が活躍できるようにすればよいと考えている。

再三アメリカ引き合いにして恐縮であるが、アメリカでは学校内調停を取り入れているハイスクールが増えてきたという。すなわち、生徒が調停人になって、友人間のトラブルを解決する試みをしているのであるが、この学校内調停を取り入れると、校内暴力が収まるという報告もある。学校内調停では教員が正面に出ることはないが、基礎的なルールを教えたり、父兄にPRしたり、バックボーンになったりする担当者が、この研修を受ける必要はある。

またアメリカでは、企業内ADRも盛んになった。すなわち、企業に第三者の調停人を迎えて、従業員間のトラブルを解決しているのである。とくにセクハラ問題などの解決に成果をあげているという。この企業内ADRが行われるようになると、研修の受講修了者が企業の調停人になるチャンスがあるばかりではなく、企業の人事、労務、法務などの部門に配属されて、活躍する道も考えられる。

このように、研修を職業や仕事に結びつけることができれば、研修に対するニーズは高まり、研修の永続的発展に現実性が出てくる。

もとより、調停、仲裁の研修は、それ自体としてもよいものである。すなわち、社会人として調停、仲裁の理念と技術を身につけるだけでも、よいことである。しかし、それだけでは単なる教養になってしまうであろう。教養としてもすばらしいものであるが、それを職業や仕事に結びつけることができれば、いっそうすばらしいものになる。そして、わが国に調停、仲裁の理念と技法を身につけた人が、社会のあらゆる分野で活躍することになれば、そのときにこそ、法の支配は浸透するのである。

①の研修のことが長くなったが、②と③についても、簡単に触れておきたい。

②の人員の確保と物的施設についての具体的立案と準備であるが、まず、立案をする委員会のメンバーを選任しなければならない。私の構想では、全国の簡易裁判所の所在地に和解仲裁所をつくるのであるから、委員会のメンバーは、その前提で構成されることになる。考えられるのは、その地域を管轄する地方裁判所・同支部、家庭裁判所・同支部、簡易裁判所の裁判官、調停委員、書記官等の裁判所のスタッフ、弁護士、地方自治体職員、関連士業、専門職、地元団体、地元市民の中からそれぞれ一名から数名を選任するということである。そして、和解仲裁所の発足後は、この委員会が第六章三で述べた運営委員会あるいは諮問機関・チェック機関の母体となる。

そして委員会は、その地域で過去に扱った事件の種類や数を掌握、分析し、シミュレーションをして、和解仲裁所で扱う事件の種類と数を予測する。その段階で、将来扱うべき事件をシミュレーションの中に取り込むことを考えてもよい。例えば、個別労働事件を扱うことを方針の中に入れることなどが考えられる。そして、そのシミュレーションに基づいて、それに必要な常勤の職業調停人、職業仲裁人と非常勤の調停人、仲裁人、事務局その他のスタッフを人選する。その際、専門家の参加が必要であれば、その手当も具体的にしておく。それと同時に、必要な物的施設についてもシミュレーションをし、準備万端を整えておく。

この間、研修の受講修了者が続々と出てくるのであるから、委員会の協議は、日増しに具体性が濃厚になって来るであろう。

③の法的整備であるが、これは第六章**七**で述べたことを、つぎつぎにやり遂げるということに尽きる。

この場合、関連法令の整備ばかりではなく、和解仲裁所の内部規則、手続規則や各種の書式などのモデルを作成することも必要である。すなわち、和解仲裁所が円滑に運営されるように、さまざまなソフトづくりが不可欠なのである。

また、第六章**四**で述べたセンターをつくるための準備もここに含まれる。

したがって、仕事の質もボリュームもたいへんなものになるから、例えば法務省に作業グループの核をつくって、裁判所、弁護士、諸省庁から人材を選び、実務的にすすめることが現実的である。もっとも、基本的な事項については衆知を集めてよいものにしなければならないから、実務家、学者、識者で構成する審議会のようなものも必要かもしれない。しかし、審議会を設けるとしても、実務感覚にすぐれ、機動力があるものでなければならないと思う。

二　第二段階――ソフトの改革

第一段階の準備が整って、いよいよ和解仲裁所がスタートする。その初期の段階の改革が第二段階のソフトの改革である。

ここでソフトの改革と言っても、改革の力点が比較的ソフトに置かれているという意味であって、いわば象徴的に表現しているだけのことである。当然のことであるが、第二段階においても、ハードの改革が必要になることがかなりある。

なお、第二段階から第四段階までの改革は、必ずしも縦に繋げなければならないということではない。すなわち、第二段階が終わる前に第三段階を始めるという具合に、オーバーラップしてもよい。また、全国いっせいに同じテンポで改革をする必要はなく、できるところから順次改革をすすめればよい。つまり、その地域の個別の事情や特色を尊重し、着実に遂行すればよいということである。

この第二段階で行われることを要約すると、以下の四点であるが、軌道に乗る期間の目安としては、二年としたい。

① 和解仲裁所は、独自に事件を受付けるとともに、地方裁判所、簡易裁判所、家庭裁判所から移管される事件を受付ける。
② 和解仲裁所においては、調停の他に仲裁も行う。
③ 調停、仲裁は、原則として、一人もしくは三人の調停人、仲裁人が行う。
④ 他のＡＤＲ機関を和解仲裁所に統合することについて立案し、準備を整える。

この第二段階の調停、仲裁は、実際にどのように行われるのであろうか。その具体的イメージをスケッチしてみよう。

まず、和解仲裁所の場所であるが、その多くは、各地の簡易裁判所、地方裁判所・同支部の庁舎がそのまま使用されるであろう。あるいは、家庭裁判所・同支部の庁舎が使用されるところもあるかもしれない。

例えば、東京の場合は、簡易裁判所と家庭裁判所がひとつの建物の中に入っているから、東京簡易裁判所の調停部門（民事六室）と東京家庭裁判所家事部の各部の調停がそれぞれ他の仕事から分離され、このふたつが合体して、いくつかのフロアにまとまることになる。また、対馬にある長崎地方裁判所厳原支部、長崎家庭裁判所厳原支部、厳原簡易裁判所は、全部ひとつの建物の中にあるから、各調停部門が分離されてひとつにまとまる。これを民間会社に譬えれば、仕事を中心にした部門が独立してひとつの会社にまとまり、なおかつ元の社屋を使用しているようなものである。

建物の点ではすっきりしないように思われるかもしれないが、このような方法の方が、移行関係がスムースにゆくであろう。とくに利用する当事者が馴れるまでは、以前からの庁舎の中にある方が便利であり、かつ心理的抵抗も少ないと思われる。

もっとも、地方裁判所や簡易裁判所の和解に適する事件が和解仲裁所に移管されることが前提なので、事件数が増えて従来の裁判所庁舎だけでは不足するかもしれない。第一段階で物的施設について立案、準備をすることになっているので、第二段階のスタートの時点ではこの問題は解決ずみであるはずだが、私の考えでは、そのために大きな建物を建てる必要はないと思っている。例えば都内には、廃校になる学校があるので、その校舎を使用すればよいだろう。あるいは、近くの弁護士会館、市町村役場などの一角を借用する方法もある。

外形の変化は以上の程度であるが、実際の仕事の質と内容はがらりと改革されている。

まず、担当する調停人、仲裁人の構成が、一人または三人になっている。その調停人、仲裁人は、常時当事者に顔を見せていて、当事者の話を聞いている。これまでのように、たまにやって来る裁判官に落ち着かない気分を味わわされることもないし、顔を見せない裁判官に調停委員が指示を仰ぐこともない。しかもその調停人、仲裁人は全員、研修を受けたプロである。

また、一回の期日にたっぷり時間を取ったり、紛争の内容に合わせて自在に期日設定をすることもできる。すなわち、急ぐ事件には一週間に三回の期日を入れることもできるし、必要であれば相当の冷却期間を置くこともできる。

さらに、夜間に期日を開くこともできるし、適当な場所に出張して期日を開くこともできる。もと もと調停や仲裁は、管轄に対する定めが厳格ではないが、規則に柔軟な定めを置いておけば、当事者の便宜のために、さまざまな試みができるのである。

以上のとおり、和解仲裁所は、第二段階で、内容的にＡＤＲの世界最高水準に到達するのである。

三　第三段階──ハードの改革

第三段階は、ハードの改革である。しかし、ここでも比較的ハードの改革に力点が置かれるという意味であって、この段階の改革でもソフトが重要であることは変わりがない。

第三段階で行われるべき改革を要約すれば、以下の二点であるが、時間的な目安としては、二年でやり遂げたい。

①　必要に応じて他のＡＤＲ機関を統合し、統合に対応する人員の確保、物的施設を整える。

②　和解仲裁所を裁判所から分離するための物的施設、資金調達方法について立案し、準備を整える。

私は基本的には、和解仲裁所ができるからといって、他のＡＤＲ機関を積極的に統合する必要はないと考えている。それぞれのＡＤＲ機関がその特徴を生かして共存している方が、人々や企業のニーズを充たすことができるからである。また、個性的なＡＤＲ機関が、先駆的な役割を果たしたり、ＡＤＲを巡る全体的状況に刺激を与えてエネルギーを巻き起こすこともある。大きいからよいというものではないのである。

このことに関連することであるが、私は、仲裁法の立法の際に、アド・ホック仲裁は必ず残すべきだと考えている。アド・ホック仲裁によって重要な事件が解決することはこれからもあり得るし、その仲裁判断が先例になることもあるからである。したがって、和解仲裁所ができるからといって、アド・ホック仲裁が軽視されることがあってはならない。

しかし、和解仲裁所が他のＡＤＲ機関を統合するメリットはある。

第一に、当事者の利便である。和解仲裁所が一般民事、家事、消費者取引、医事紛争、建築紛争、知的所有権等々のメニューを揃えておけば、当事者が調停、仲裁によって紛争を解決したいと思えば、とにかく和解仲裁所に申立てればよいということになる。当事者があちこちのＡＤＲ機関を探し求める必要がなくなるのである。統合の是非を決めるポイントは、これに日本海運集会所で行っている海事紛争を加えるか、国際商事仲裁協会で行っている国際商事紛争を加えるかという具体的な問題になるが、この辺は、衆知によって決めるべきことがらである。

第二は、スケール・メリットである。前にも述べたとおり、大きければよいというものではなく、大きければ大きいなりのデメリットも出てくるであろうが、扱う事件に多様性があればあるほど、和解仲裁所の社会的基盤が強固になるであろう。そして、和解仲裁所が社会システムのひとつとして、社会の中に地歩を占めれば、それが財政的基礎を固めると同時に、保険制度の導入などに道を拓く可能性も出てくる。

第三に、費用の軽減である。現在それぞれのＡＤＲ機関は、独自に資金を調達して、設立のための時間と費用を投入している。また設立後も、そのほとんどが各自調達した資金によって運営している。目に見える費用の他に、ボランティアとして参加している人の時間とエネルギーを費用に換算すると、極めて大きな数字になるはずである。これらをすべて合算すると、莫大な金額になる。そして、個々のＡＤＲ機関は、そのほとんどが赤字になっていることはまず間違いない。和解仲裁所で他のＡＤＲ機関を統合すれば、そのような費用の多くの部分を削減することができる。

三　第三段階 —— ハードの改革

第三段階においては、すでに和解仲裁所の実績が出ているのであるから、以上のメリットとデメリットを念頭に置いて検討すれば、統合すべきＡＤＲ機関は自ずから決まるのではないだろうか。

この場合、例えば中央建設工事紛争審査会と都道府県建設工事紛争審査会を和解仲裁所に統合するのであれば、建設業法を改正するなど、統合に伴う法改正が必要になる。そして同時に、和解仲裁所に専門部を設け、建築士や建築に詳しい弁護士などを調停人、仲裁人として配置する必要が出てくる。すなわち、この第三段階では、他のＡＤＲ機関の統合をすすめると同時に、和解仲裁所の中に専門部を設け、専門家を迎える作業が進行するわけである。

現在裁判所においても、医事紛争と建築紛争について特別部（専門部）を設けることが検討されているそうであるが、裁判所が専門部を設けたり、専門家の参加を求めたりするのとパラレルなもの、あるいはそれ以上多様なものを、和解仲裁所に揃えることが必要であり、そのことを総合的に行うことがこの第三段階の課題である。

ここで問題になるのは、行政事件の扱いである。

行政庁が民事事件の当事者になる事件で、和解に適するものはかなりあるから、そのような事件を和解仲裁所で扱うことができるのは当然のこととしたい。

問題は、取消訴訟などの行政事件であるが、私は、これも事案によっては和解仲裁所が扱うことができるようにした方がよいと思っている。行政事件では和解ができないと俗に言われているようであるが、私の最初の著書『弁護士の外科的紛争解決法』（自由国民社・一九八八年）で紹介したように、私が担当した中野駅北口広場行政事件、浜名湖環境訴訟では、最終的には訴訟上の和解で解決した。行政庁の責任者や担当者が和解仲裁所に出頭し、和解あるいは仲裁で行政紛争を解決するというのは、民主主義のひとつの成熟した姿だと私は考えているが、いかがであろうか。

もとより、このことを制度設計に折り込むとすれば、行政事件訴訟法その他かなりの数の法改正や立法措置が必要である。しかし、要はやるかどうかである。やると決まれば、それなりのエネルギーは集まるであろう。

第三段階でもうひとつ検討し、決定しておきたいことは、和解仲裁所で調停、仲裁以外の仕事をするか否かということである。例えば、アメリカでは中立的評価（Neutral Evaluation）があるが、それは、中立評価人が当事者双方から主張や証拠資料の提示を受けて事件評価書を作成し、当事者の和解協議に資する手続である。和解仲裁所の制度設計の中には、このようなシステムを導入するか否かということも折り込んでおきたい。中立的評価は一例であるが、その他にも、法律相談、鑑定、約款の作成、研修等々、調停や仲裁の周辺には仕事がいっぱいある。そして、その中のあるものは、事業化することも可能であろう。

ところで、この第三段階で書いたことの中には、第二段階までにしておかなければならない立案や準備が含まれている。すなわち、第二段階までになすべき立案と準備を、第三段階の実施と一緒にして述べたのである。したがって、実際に制度設計をするときには、立案、準備、実施を経時的に並べて、整理する必要があるであろう。

そこで、第三段階では、第四段階のための立案と準備をしなければならないので、そのことに少し触れておきたい。

第四段階の立案と準備を具体的に言えば、和解仲裁所を裁判所から分離するための物的施設と資金調達方法を決定することである。

物的施設というのは、主として和解仲裁所のロケーションと建物のことである。そして、資金調達方法というのは、国家予算以外の資金調達の方法を決めることである。これらの立案、準備に関しては、本来はこの第三段階で述べるべきことであるが、これもその内容が問題になるので、実施と一緒にして、第四段階のところでまとめて述べることにしたい。したがって、前と同様に、制度設計をするときには、立案、準備、実施を経時的に並べ、一覧表にして整理することが必要である。

四　第四段階――和解仲裁所の完成

第三段階までに、人的確保と仕事の内容は固まっているのであるが、まだ和解仲裁所は裁判所の中で仕事をしていて、国家予算によって運営されていることになっている。それを、物理的にも資金的にも裁判所から分離して、和解仲裁所を名実ともに独立、自立させるのが、最終段階である第四段階の課題であり、これをクリアすれば、和解仲裁所は完成する。

第四段階で行われるべき改革は以下の二点であり、二年を目安として、最後の締めくくりをしたい。

① 和解仲裁所を、組織的にも物理的にも裁判所から分離する。
② 和解仲裁所の財政基盤を確定する。

第三段階が終了するまでは、和解仲裁所は、組織的には裁判所の中に組み込まれており、予算も裁判所所管の予算の中で運営されていることになっている。

ここでひとつの考え方として、そのままの状態をずっと続けようという意見もあり得るであろう。しかし、和解仲裁所の基本的理念は私的自治にあるのだから、そのまま裁判所の組織の中に組み入れておくことは望ましくない。前に述べたように、和解仲裁所を裁判所の組織の中に組み入れたままにしておくと、裁判所における調停制度や訴訟上の和解と同様な問題が起こりかねないからである。また、長期的には小さな司法を目指さなければ、社会がそれを維持することに耐えられなくなる恐れもある。

この問題について、私は、第一期から第三期までの改革をなし遂げれば、和解仲裁所は、自然に裁判所から分離されると考えている。すなわち、それほど無理をしなくても、ほとんど抵抗なく和解仲裁所は裁判所から分離されるであろうし、また、抵抗なく分離できるように設計しなければならない。いや、「抵抗なく」などという消極的なものでなく、人々や企業から積極的に支持され、歓迎されるような分離、独立ができるはずであって、また、そうでなければならない。

分離・独立後の和解仲裁所がどのような法人格を持つのかということについては、いろいろな説が成り立つだろう。株式会社、財団法人、社団法人等々、さまざまな方式が考えられるが、それぞれ一長一短がある。私には、わが国の場合、営利法人として大規模なＡＤＲ機関の成り立つ基盤が一〇年未満のうちにできるとは思えない。したがって、公益法人が望ましいと思うが、その場合には監督官庁の支配をできるだけ受けないような独立性の高いものにしたい。仮に弁護士会のような独立性の高い法人にするのであれば、そのための特別の立法が必要になる。

個々の和解仲裁所がそれぞれ独立の法人格を持つようにするか、法人格を一つにして個々の和解仲裁所を支部にするのかという問題については、議論があるところだろうが、いずれにせよ制度設計の段階で決めておかなければならない。前者であれば、個々の和解仲裁所の連合組織をつくり、その連合組織が、前に述べたセンターの役割を果たすことになる。後者であれば、和解仲裁所の本部が、センターの役割を担うことになるであろう。

また、その中間的な方法として、全国をブロックに分け、ブロック単位に法人格を取得する方法もあるだろう。いずれにせよ、この段階では和解仲裁所の実績を掌握しているはずであるから、その実績と将来予測を読み込んで、衆議を集め、実情に応じて決定すればよいと思う。

ところで、和解仲裁所のロケーション、すなわち位置、場所であるが、私は、当事者が足を運びやすい街の中がよいのではないかと思っている。

また建物も、堂々としたものでなくてもよいのではないだろうか。例えば、廃校になった学校の校舎を改造してもよいし、空きビルを使ってもよい。当事者にしてみれば、建物の中に入ってしまえば同じことであって、豪勢な建物に威圧されるよりも、小さな風景画が掛かっていたり、窓から街の光景が見えたりする方が、よほど調停や仲裁らしい。

なお、ロケーションと建物に関して言えば、例えば東京の場合には、霞が関の大きなビルに一つあるよりも、銀座と新宿とか、東西南北の四か所とかの方が、人々に喜ばれるのではないかと思う。しかし、無理をして裁判所の建物の外に出る必要もないだろう。例えば、対馬の長崎地方裁判所厳原支部は、厳原の街の中にあるから、和解仲裁所が組織として分離された後でも、裁判所の庁舎を間借りするというふうに、適宜実情に合わせて決定すればよいと思われる。しかし例えば、秋田地方裁判所横手支部や岡山家庭裁判所笠岡出張所・笠岡簡易裁判所などの庁舎は小高い丘の上にあるから、横手和解仲裁所、笠岡和解仲裁所ができるときには、丘からおりて来てほしいと思うが、ここまでくると単なる私の好みの問題かもしれない。

ロケーションと建物の問題に関連して、付言しておきたいことがある。それは、実際の調停や仲裁を誰がどこで行うかということについては、融通無礙がよいということである。例えば、日本の企業とアジアの某国の国際紛争を青森和解仲裁所で扱い、イギリス人とドイツ人と東京在住の日本人の高名な仲裁人を招聘して、秋田県の湖畔の小さなホテルで仲裁をしてもよいし、千葉市に住む相続人たちが、ひとりの調停人を挟んで、海の見える房総半島の小学校の分校で話し合いをしてもよい。これは、小説の中のことのように思われるかもしれないが、例えば、争いがあること自体を極秘にしなければならない事件があるものなのだ。とくに国際紛争では、現実にこのような工夫が行われているという。要するに、その事件に最も適する調停人、仲裁人によって、最も適する場所と時を選ぶことが望ましいということであって、これこそ、和解仲裁所の真髄なのである。

さて、いよいよ和解仲裁所の財政基盤の問題である。最後のこの問題こそ、実は最大の問題なのである。

すなわち、和解仲裁所の設立、運営資金をどこから調達するかという問題である。そのうち設立資金については、国の予算から支出されるのがもっとも現実的であると考えるが、他の方法もあるかもしれない。しかしいずれにせよ、前述のとおり、廃校になった学校の校舎を利用する等の工夫をして、設立費用はできるだけ安くあげることにしたい。すなわち、いわゆる箱物を大きくして予算を費消するような愚は避けたい。

それよりもここで重要なことは、和解仲裁所を永続させるために、運営資金をどのようにして調達するかである。第六章六では結論を出さなかったが、ここでは率直に私見を述べることにしたい。

この方法にもさまざまな案が考えられる。

第一は、引き続き国の予算を宛てにすることであるが、長期的には小さな司法を目指すという当初の目標からすれば、望ましいことではないだろう。また、私的自治の基本的理念からすれば、資金的にも自立したいものである。

第二は、会費制や寄付に財政基盤を求める方法がある。しかし、永続性、自立性という観点からすると、会費制や寄付には難点がある。だいいち、昨今の不況では、これだけ大規模な和解仲裁所の財政を維持するだけの会員や寄付が集まるとは考えられない。

第三は、当事者の負担である。私的自治や自己責任の原則からすれば、自分の紛争を解決するための費用を当事者自身が負担することは、最も筋が通る。しかし、和解仲裁所の運営費用は、そう安くあがるとは考えられない。当事者がそのなにがしかの部分を負担することは考えられるが、その費用を全部負担することになると、かなり高い金額を支払わなければならなくなるだろう。そうなると、和解仲裁所が利用しにくいものになる。

第四は、保険制度を導入することである。私は、この案が最もよいのではないかと考えている。自分の紛争は自分で解決するという私的自治と、そのときの備えとして保険に加入するということは、その考え方の基礎においてよくマッチしている。また、最近介護保険制度が導入されたが、保険制度の導入について人々から理解を得られやすくなってきたのではないかと思う。

保険制度を導入する場合にも、いろいろのやり方があるが、だいたいどんなものかを見るために、最も簡単な試算をしてみよう。

わが国の裁判所所管の予算の合計は、三一八六億六五八九万五〇〇〇円（平成一二年度）である。そして、労働白書によれば、就業者数は六四六二万人である。所得に応じて保険料に段階を設けるかどうかについては検討の余地があるが、仮に平均の保険料が年六〇〇〇円、すなわち月五〇〇円だとして、それを就業者数に乗じると、三八七七億二〇〇〇万円になる。すなわち、月に五〇〇円玉ひとつで、裁判所所管の予算の合計を越える資金が調達できるのである。

もちろん、保険制度を運営するためには経費がかかるであろう。しかし、和解仲裁所にはこれ以外の収入が期待できる。その第一は、法人が和解仲裁所を利用することである。法人の場合には、任意保険制度を導入することも検討の余地がある。その第二は、当事者が支払う自己負担分の収入があることである。そして第三は、第三段階で述べたような事業をすれば、そのことによって得ることができる収入である。

そこで最後の決断は、月に五〇〇円玉ひとつ、いや、それ以下でも十分かもしれないが、とにかく保険制度を導入して、この壮大な和解仲裁所を設立するかどうかということになる。

さて、みなさん、創りますか、創りませんか？

エピローグ

第七章で述べたような段階を踏めば、九年で和解仲裁所が完成することになる。すなわち、達磨大師が面壁して座禅をしている間に、和解仲裁所ができてしまうのである。

もとより、私が本書に書いたことは、たたき台に過ぎない。このたたき台自体を改造したり、枝葉をつける必要は当然あるが、あとは多くの人の知恵を借り、衆議に従いたい。

裁判所における調停制度の在り方は、司法制度改革にとって重要な論点であるはずだが、司法制度改革審議会ではほとんど取りあげられていない。司法制度改革審議会の最終意見の取りまとめを目前にして、もうひとつの改革の道筋を明示しておく必要を感じたことが、本書を書く当面の動機であったことは確かである。

しかし私には、当面の動機よりはるかに大きい根源的な動機があった。すなわち私は、この度の司法改革論議のずっと以前から、紛争解決システム全体を抜本的に見直さなければならないと考えており、それこそが本書を書く主要な動機であった。

私は、『先取り経済　先取り社会――バブルの読み方・経済の見方』（弓立社・一九九一年）で、高度経済成長以後、企業ないし国家が、価値が生み出される前に価値を先取りする経済体制をとっているために、長期の経済的不況と社会的混乱をもたらすであろうと予測したが、いよいよ不況と混乱は収拾のつかないものになってきた。この経済的不況と社会的混乱によって、紛争はますます多くなり、しかも複雑になるが、それに備えるために、紛争解決システム全体をシフトしておく必要があると考えているのである。

また、私が『紛争解決学』（信山社・一九九三年）に書いたように、紛争解決の全体像は曼陀羅のような厖大な世界である。訴訟は、その中のごく一部に過ぎない。しかし近代以降の人々は、訴訟に囚われ過ぎて、紛争解決の全体像が見えなくなってしまっているのである。この民事調停制度改革論は、民事調停制度を改革する道筋を通りながら、最後に和解仲裁所を創造することによって、人々が厖大な紛争解決の世界の中で、自らの紛争を自ら解決することができるように、その橋渡しをしようという構想なのである。

本書の出版にあたって、信山社の渡辺左近氏から深甚なお力添えをいただいた。この紙面を借りて厚く御礼を申し上げたい。

参考文献

（1）　ＡＤＲのおけるさまざまな解決方法については、
廣田尚久『弁護士の外科的紛争解決法』（自由国民社・一九八八年）
廣田尚久『紛争解決学』（信山社・一九九三年）
草野芳郎『和解技術論』（信山社・一九九五年）
（2）　ＡＤＲ機関を紹介する文献としては、
小島武司・伊藤真編『裁判外紛争処理法』（有斐閣・一九九八年）
（3）　ＡＤＲの理念について考察した文献もある。その代表的なものとして、
小島武司『裁判外紛争処理と法の支配』（有斐閣・二〇〇〇年）
（4）　調停の技法や調停制度の改革を唱える文献も若干ある。その最近の代表的なものとして、
井上治典・佐藤彰一共編『現代調停の技法―司法の未来―』（判例タイムズ社・一九九九年）
萩原金美「調停（裁判所アネックスＡＤＲ）と司法改革」『月刊司法改革』（二〇〇〇年四月号）
（5）　仲裁と調停の連繫については、
猪股孝史「仲裁と調停の連係許容性とその限界（一）（二）」『桐蔭法学』第五巻第二号（一九九八年）、第六巻第一号（一九九九年）
（6）　世界における仲裁法の動向については、
松浦馨・青山善充編『現代仲裁法の論点』（有斐閣、一九九八年）

（7）アメリカのADRの事情については、
レビン小林久子『調停ガイドブック　アメリカのADR事情』（信山社・一九九九年）
（8）アメリカにおける調停技法については、
Bush, A, R, B & Folger, J, P『The Promise of Mediation』（Jossey Bass,一九九四年）
（9）アメリカにおける民事司法改革の流れについては、
稲葉一人「アメリカの連邦裁判所におけるADRの現状と課題（一）～（四）」『判例時報』一五二五号、一五二六号、一五二九号、一五三〇号（判例時報社・一九九五年）
古閑裕二「アメリカ合衆国における民事司法改革（上）（下）—Civil Justice Reform Act of 1990を中心として—」『法曹時報』四五巻一一号、一二号（法曹会・一九九七年）
三木浩一「アメリカ合衆国連邦地裁における訴訟付属型ADR」『比較裁判外紛争解決制度』（慶応義塾大学出版会・一九九七年）
園尾隆司「アメリカの州裁判所における民事訴訟の実情」『判例タイムズ』九八五号（判例タイムズ社・一九九八年）
伊関玄「1998年ADR法—合衆国裁判所法改正—」『JCAジャーナル』四八巻四号（国際商事仲裁協会・一九九九年）

〈著者紹介〉

廣 田 尚 久（ひろた・たかひさ）

1962年　東京大学法学部卒業

1968年　弁護士登録（第一東京弁護士会）

1993年　九州大学非常勤講師

2001年　大東文化大学環境創造学部学部長・教授

〈主要著作〉

『弁護士の外科的紛争解決法』（自由国民社・1998年）、『和解と正義－民事紛争解決の道しるべ』（自由国民社・1990年）、『不動産賃貸借の危機－土地問題へのもうひとつの視点』（日本経済新聞社・1991年）、『先取り経済　先取り社会－バブルの読み方・経済の見方』（弓立社・1991年）、『紛争解決学』（信山社・1993年）、小説『壊市』（汽声館・1995年）、小説『地雷』（毎日新聞社・1996年）、『上手にトラブルを解決するための和解道』（朝日新聞社・1998年）、小説『デス』（毎日新聞社・1999年）、『紛争解決の最先端』（信山社・1999年）、小説『蘇生』（毎日新聞社・1999年）

民事調停制度改革論

2001年（平成13年）5月10日　　第1版第1刷発行

著　者　廣　田　尚　久

発行者　今　井　　貴

渡　辺　左　近

発行所　信山社出版株式会社

〒113-0033　東京都文京区本郷 6-2-9-102

電　話　03（3818）1019

ＦＡＸ　03（3818）0344

Printed in Japan.

印刷・製本／エーヴィスシステムズ・大三製本

ISBN4－7972－2192－5　C3332

信山社

〒113-0033 東京都文京区本郷6-2-9-102
TEL 03-3818-1019　FAX 03-3818-0344